ars vivendi

**Barbara Dicker
Hans Kurz**

Das
Bierkochbuch

ars vivendi

Originalausgabe

2. Auflage Mai 2012
© 2011 by ars vivendi verlag
GmbH & Co. KG, Cadolzburg
Alle Rechte vorbehalten
www.arsvivendi.com

Lektorat: Johanna Cattus-Reif
Umschlaggestaltung: Jürgen Kreitmeier
Umschlag: Bier Papier Weizen von Gmund
Innengestaltung: Annina Himpel
Druck: Beltz, Bad Langensalza
Printed in Germany

ISBN 978-3-86913-104-7

Das
Bierkochbuch

Inhaltsverzeichnis

8   Einleitung
10   Hinweis: Alkohol

11   Vorspeisen und Brotzeiten
23   Tapas
25   Von Biergärten und Kellern

31   Basics

37   Saucen
42   Dips und Marinaden
45   Wohl bekommt´s – Bier ist gesund

47   Salate

55   Suppen und Eintöpfe

73   Für die harten Jungs und Mädels

81   Hauptgerichte
82   Rind
92   Schwein
99   Wurst, Schinken, Hackfleisch
105   Lamm, Wild
110   Geflügel
118   Chinesisches Biermenü
124   Fisch
134   Vegetarisch

149   Beilagen
163   Bier für Feinschmecker

165   Nachspeisen und Süßes

187 Bowlen und Getränke
195 Welches Bier zu welchem Gericht?

197 Biermenüs
198 Bier an einem Sommerabend
198 Etwas Warmes für den Winter
199 Die klassische Sonntagstafel
199 Das Mittelmee(h)r-Menü
200 Speisen und reisen
200 Schnell mit 4 Gängen
201 BBB: Bier – Brunch – Buffet

203 Bierkunde
206 Biersorten

211 Register

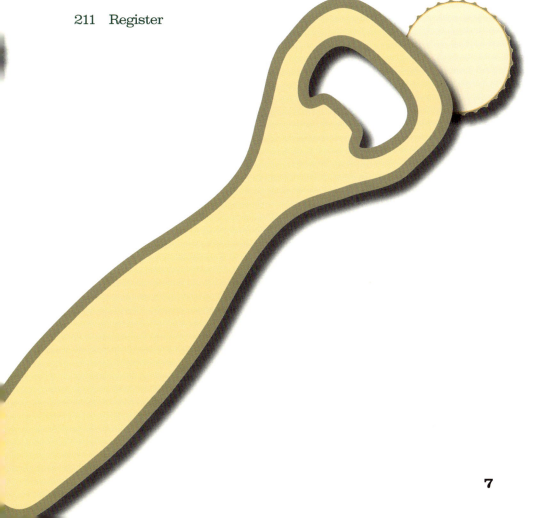

Einleitung

Am Anfang war der Wein. Das heißt, er war nicht ... nicht mehr zu genießen. Wir standen am Sonntagnachmittag mit allen Zutaten für ein leckeres Bœuf Bourguignon in unserer Küche und rochen an der Rotweinflasche. Ein schrecklicher Korkenschmecker, der sicher auf das ganze Essen abfärben würde. Was tun? Der einzige andere Wein im Haus war der teure Burgunder zum Abendessen für uns und die Gäste. Unser Blick fiel auf zwei Flaschen dunkles Bockbier. Gedacht, getan. Wir schmorten das Fleisch darin. Bange Minuten, die zu Stunden wurden. Immerhin, es roch nicht schlecht. Wir probierten. Alles schien gut. Dann kamen die Gäste. Wir gestanden unser Missgeschick und tischten auf. Immer noch leicht skeptisch aßen wir die ersten Bissen – es schmeckte allen köstlich. Das Malzaroma machte sich gut, rundete das Gericht sanft ab. Unser erstes Bœuf Bierguignon war entstanden. Weil es so gut gelungen war, wurden wir zu Wiederholungstätern. Und, im Lauf der Zeit, zu Bier-Rezeptsuchern und Auspro-Bier-ern.

Wir kochten Klassiker wie Biergulasch oder Schweinsbraten mit Bierkruste nach. Wir tunkten erst Apfelringe, dann Gemüse und schließlich Fisch in Bierteig. Wir ließen auch die gute alte Biersuppe nicht aus. Dann wurden wir wagemutiger. Eine Verwandte mochte keinen Essig. Also kreierten wir Bieraigretten. Dann kamen Bier-Pfannkuchen, Pils-Risotto und schließlich Bier-Cremes und der Bockbierkuchen. Wir erlitten Fehlschläge (Rhabarbier-Kompott schmeckte scheußlich), aus denen wir lernten (Rhabarbier als Longdrink mit Wodka hat Suchtfaktor).

Ein bisschen steckte hinter unseren kulinarischen Bier-Exkursionen auch der Wunsch, die Ehre eines wunderbar vielseitigen Getränks zu retten. Seien wir ehrlich. Im Vergleich zum Wein war Bier immer eher das Proletengetränk – und auch in der Küche war's ein Underdog. Eben gerade gut genug für Schweinebraten, deftige Gulaschtöpfe oder fette Karpfen. Derb und deftig, mit diesen zwei Adjektiven lassen sich tatsächlich viele der traditionellen Bierrezepte beschreiben. Armenküche ist ein weiteres Schlagwort. In alten Quellen wie dem *Ökonomischen Handbuch für Frauenzimmer* von 1795 oder *Das häusliche Glück* und

Die Studentenküche aus dem 19. Jahrhundert ist Bier eine billige Suppenzutat. Dass der Preußenkönig Friedrich II., wie er 1779 in einem Brief an seine hinterpommerschen Landstände schrieb, »in seiner Jugend mit Biersuppe erzogen worden« war, ist kein Beleg dafür, dass der Gerstensaft auf einmal zu Adelswürden kam, sondern eher für die sparsame kulinarische Ausrichtung des Berliner Hofes.

Wir finden nichts Schlechtes an deftigem Essen. Und Bier macht sich darin richtig gut. Dass man mit Bier allerdings noch viel mehr machen kann, wollen wir mit diesem Buch zeigen. Das Bier-Kochbuch vereint all die Ess- und Trinkideen, die wir über die Jahre selbst entwickelt haben, viele, die wir von klugen Vorkochern übernommen und solche, die wir variiert haben. Ganz Bodenständiges ist mit dabei, schnelle Gerichte und etwas aufwändigere, urdeutsche und ziemlich exotische. Wir danken all denen, die uns Anregungen gegeben haben, und stoßen mit denen an, die trotz anfänglicher Bedenken − »In dem Kuchen ist wirklich Bockbier?« − unsere Kreationen getestet und für gut befunden haben. Für die Rezepte in diesem Buch gilt das Gleiche wie für ein gutes Bier: Hauptsache, es schmeckt. So wie damals am ersten Abend. Wir tranken Bier zum Bœuf. Und am Ende war der Wein immer noch da.

Die Rezepte in diesem Buch sind in der Regel für vier Personen ausgelegt. Die Spannbreite, wie viel vier Menschen tatsächlich essen, ist natürlich sehr groß. Und unter einer Prise Salz versteht auch jeder was anderes. Alle Mengenangaben haben wir nach bestem Wissen und Gewissen formuliert − und wurden dabei sicher auch von unserem eigenen aktuellen Appetit geleitet. Wenn also mal was übrig bleibt, weil's einfach so viel war, können wir dafür keine Haftung übernehmen. Wenn aber restlos aufgegessen wird, wenn es sogar noch etwas mehr hätte sein dürfen, weil es gar so gut geschmeckt hat, dann ist das ganz im Sinne der Autoren.

Barbara Dicker und Hans Kurz

Hinweis: Alkohol

»Alkohol? Der verkocht doch!«, hört man häufig. Das stimmt jedoch nur bedingt. Zwar hat Trinkalkohol (Ethanol) einen Siedepunkt von 78 °C – also weit niedriger als Wasser –, wie viel sich beim Kochen aber wirklich verflüchtigt, hängt sehr stark von der Dauer ab. Bei einer Sauce, die bei offenem Topfdeckel reduziert wird, verdunstet fast der ganze Alkohol, und zurück bleibt nur der – in diesem Fall erwünschte – gute Biergeschmack. Schon bei einer Suppe, die langsam unter geschlossenem Deckel vor sich hin köchelt, sieht es anders aus. Auch beim Backen oder in Teigwaren bleibt mehr drin, als gemeinhin gedacht.

Amerikanische Forscher* haben mal genau nachgemessen und sind unter anderem zu folgenden Ergebnissen gekommen: Beim Backen oder Köcheln sind nach einer Viertelstunde noch 40 % des Alkohols im Essen, nach einer halben Stunde waren es 35 %, nach einer Stunde 25 % und nach zwei Stunden immer noch 10 %. Wenn ein alkoholisches Getränk erst am Ende des Kochvorgangs in eine Suppe oder Sauce gegeben wird, bleiben sogar 85 % des Alkohols drin.

Bier – und das muss hier gesagt werden – hat in dieser Hinsicht schon mal einen großen Vorteil: Selbst ein kräftiges Bockbier bringt von Haus aus nur die Hälfte des Alkohols eines Weines mit. Wer für Kinder oder Menschen mit Alkoholunverträglichkeit kocht, sollte trotzdem sehr vorsichtig sein. Und es gibt ja Alternativen. Alkoholfreies Bier hat zwar meist noch einen kleinen Restalkoholgehalt (laut Gesetz unter 0,5 %), doch so viel kann auch in Fruchtsäften enthalten sein. Und Malzbier, das fast alle Kinder mögen, macht sich vor allem in Süßspeisen hervorragend als Ersatz für ein dunkles Bockbier. Sitzen trockene Alkoholiker mit am Tisch, dann gilt: Ohne Alkohol kochen und sogar auf alkoholfreies Bier verzichten!

*J. Augustin, E. Augustin, R.L. Cutrufelli, S.R. Hagen, C. Teitzel: *Alcohol Retention in Food Preparation*, in: *Journal of the American Dietetic Association*, 1992, S. 486-488.

Manchmal schmecken die Vorspeisen so gut, dass man sich das Hauptgericht sparen könnte. Damit man dann aber nicht hungrig vom Tisch aufsteht, sollte man die Portionen einfach verdoppeln.

Bier auf Hawaii

»Es gibt kein Bier auf Hawaii« – der Paul-Kuhn-Schlager aus dem Jahr 1963 wird auch heute noch oft und gerne in Bierzelten gespielt. Uns dient das Bier hier nur zur Würze, drum reichen zwei kleine Schnapsgläser voll.

Brot leicht antoasten. Die Scheiben dann gleichmäßig mit ein paar Tropfen Bier beträufeln (das erspart die Butter oder Mayo).
Erst den Schinken, dann die Ananas drauflegen. Das restliche Bier in das Loch der Ananasscheibe geben, Käse drauf. Auf einem Blech im vorgeheizten Backofen (250 °C) etwa 2-3 Minuten backen.
Wer will, kann noch Ketchup auf den fertigen Toast geben.

Für 4 Personen:

4 Scheiben Toastbrot
40 ml helles Bier
4 Scheiben Kochschinken
4 Scheiben Ananas
4 Scheiben Emmentaler
evtl. Tomatenketchup

Warme Kölsch-Käse-Schnitten

Weißbrotscheiben mit Butter bestreichen. Die Eigelbe, Emmentaler, Paprika und das Bier zu einem Teig verrühren und auf die Butterbrote verteilen. Den Ofen auf 180 °C vorheizen und die Käseschnitten überbacken, bis sie goldbraun sind.

Für 4 Personen:

4 Scheiben Weißbrot
50 g Butter
4 Eigelb
150 g geriebener Emmentaler
1 Prise Paprika
100 ml Kölsch (oder ein anderes helles, nicht allzu herbes Bier)

Welsh Rarebit

Die englische Variante der Käseschnitten.

Den Käse klein schneiden und mit Bier, Senf und Pfeffer in einem Topf unter ständigem Rühren erhitzen, bis eine glatte Käsecreme entsteht. Den Toast rösten, mit Butter und der Käsemasse bestreichen. Die Scheiben im vorgeheizten Ofen (200 °C) 3 Minuten überbacken und dann gleich servieren.

Für 4 Personen:

200 g Cheddarkäse
150 ml helles Bier (passend
    wäre ein englisches Ale)
1 EL milder bis mittelscharfer
    Senf
1 Prise Pfeffer
4 Scheiben Toastbrot
Butter

Bierfladen

Das Mehl in eine Schüssel sieben und in die Mitte eine Mulde drücken. Die Hefe dazugeben. Das lauwarme Bier darübergießen. Dann alles mit Salz, Butter und dem Ei zu einem möglichst glatten Teig vermengen. Den Teig zugedeckt etwa 30 Minuten an einem warmen Ort gehen lassen.
Für den Belag die Frühlingszwiebeln putzen, waschen und klein schneiden, den Estragon ebenso. Beides mit der sauren Sahne und dem Ei vermengen und mit Salz, Pfeffer und Muskat abschmecken.
Den Teig noch einmal durchkneten und in acht Stücke teilen. Jedes von ihnen auf einen Durchmesser von etwa 10−12 cm ausrollen.
Ein Backblech einfetten und die Bierfladen daraufsetzen. Mit dem Belag bestreichen. Die Fladen im vorgeheizten Backofen (180 °C) etwa 30 Minuten backen.

Für 4 Personen:

Für den Teig:
250 g Mehl
½ Päckchen Trockenhefe
⅛ l lauwarmes Bier
Salz
75 g Butter
1 Ei

Für den Belag:
4 Frühlingszwiebeln
5 Stängel Estragon
100 g saure Sahne
1 Ei
Salz, Pfeffer, Muskatnuss

Öl fürs Blech

13

Zwiebelkuchen

Der wird ja traditionell zum Federweißen serviert - er kann aber auch mit und zum Bier gut schmecken.

Für den Teig Milch und Bier mischen und erwärmen. Das Mehl und das Salz in eine Schüssel geben. Eine Mulde in die Mitte drücken. Die Hefe mit der Hälfte der Biermilch verrühren und in die Mulde gießen. Die Schüssel zudecken und an einem warmen Ort etwa 30 Minuten gehen lassen.
Danach die Butter und die restliche Biermilch zugeben und alles zu einem Teig verkneten. Noch einmal zudecken und etwa 30 Minuten gehen lassen, bis sich das Volumen verdoppelt hat.
Die Zwiebeln schälen, halbieren und in Scheiben schneiden. Den Bauchspeck fein würfeln und bei kleiner Hitze in einer Pfanne auslassen. Die Zwiebeln dazugeben und glasig dünsten.
Den Teig noch einmal durchkneten, dann ausrollen und auf das Blech legen. Die Zwiebeln und den Speck darauf verteilen. Saure Sahne, Bier, Eier, Kümmel und Pfeffer gut verrühren und darübergießen. Im vorgeheizten Ofen (220 °C) etwa 30-35 Minuten backen.

Dazu passt Feldsalat.

Für 8-12 Personen:

Für den Teig:
100 ml Milch
100 ml helles Bier
300 g Mehl
1 TL Salz
½ Päckchen Hefe
40 g Butter

Für den Belag:
1 kg Gemüsezwiebeln
150 g Bauchspeck
150 ml saure Sahne
80 ml Bier
3 Eier
1 Prise gemahlener Kümm
Pfeffer

Rosbierin-Waffeln

Waffeln müssen nicht immer süß sein. Mit Rosmarin sind sie ein schneller, pikanter Snack.

Mehl, Backpulver, zerstoßenen Rosmarin, Salz und geriebene Muskatnuss in einer Schüssel mischen. Eier, Bier und Olivenöl dazugeben. Alles mit dem Handrührgerät auf mittlerer Stufe verrühren. Der Teig soll gebunden, aber noch leicht flüssig sein.
Waffeleisen mit Öl fetten. Den Teig portionsweise einfüllen und backen.

Dazu passen Tomatensalat und kalter Braten.

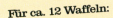

Für ca. 12 Waffeln:

200 g Mehl
1 gestrichener TL Backpulver
2 TL getrockneter Rosmarin
1 gestrichener TL Salz
1 Prise Muskatnuss
4 Eier (Größe M)
250 ml Pils
4 EL Olivenöl
5 EL anderes Öl

Erdnussmuffins

Ist mal was anderes, als die Erdnüsse direkt aus der Dose zu futtern.

Von den Erdnüssen 150 g fein hacken.
Die Butter und den Zucker mit dem Handrührgerät auf höchster Stufe schaumig schlagen. Nach und nach die Eier dazugeben. Dann das Mehl, das Backpulver und das Salz unterrühren. Zuletzt abwechselnd die gehackten Erdnüsse, Bier und Sojasauce.
Eine 12-er Muffinform fetten und den Teig einfüllen. Die restlichen Erdnüsse daraufstreuen. Die Form in den vorgeheizten Backofen (180 °C) schieben und die Muffins etwa 25 Minuten backen.
Danach die Muffins in der Form abkühlen lassen, stürzen und anrichten.

Für ca. 12 Muffins:

200 g gesalzene Erdnusskerne
100 g Butter
1 TL Zucker
4 Eier
200 g Mehl
1 TL Backpulver
1 Prise Salz
6 EL Bier
2 EL Sojasauce

Bierwindbeutel

In einem Gasthaus mitten im Höllwald bei Murnau haben wir Windbeutel mit Kirschen gegessen. Das war gut, aber zum Bier und mit Bier verfeinert kommt die pikante Variante einfach besser.

Für den Teig das Bier in einen Topf gießen. Die Butter und das Salz dazugeben und alles zum Kochen bringen. Den Topf von der Platte nehmen und das gesiebte Mehl hineingeben. Das Mehl zu einem Kloß verrühren. Den Topf wieder auf die Platte stellen und unter Rühren den Mehlkloß etwa 1 Minute erhitzen. Dann den heißen Kloß in eine Rührschüssel geben. Die Eier nach und nach mit den Knethaken des Handrührers auf höchster Stufe einarbeiten. Den Teig abkühlen lassen.

Das Öl erhitzen. Mit zwei Esslöffeln vom Teig walnussgroße Häufchen formen und sofort in das Öl geben. Etwa 5 Minuten frittieren, bis sich das Volumen der Windbeutel vergrößert hat. Dann mit einer Schaumkelle herausheben und auf Küchenpapier abtropfen lassen.

Für die Füllung die Sahne steif schlagen. Den Quark verrühren und die Sahne unterheben. Die Windbeutel einschneiden und mit der Meerrettichsahne füllen.

Für 4 Personen:

Für den Brandteig:
250 ml Bier
70 g Butter
1 TL Salz
150 g Weizenmehl
4 Eier

reichlich Öl zum
  Frittieren

Für die Füllung:
250 ml Schlagsahne
2 Packungen Meerrettich-
  quark

Grünkernbratlinge

Eine im doppelten Sinne vollwertige Beilage.

Grünkernschrot und Brühe im Topf mit Bier aufgießen und unter Rühren vorsichtig aufkochen. Beim E-Herd sofort abschalten, bei Gas 4–5 Minuten köcheln lassen. Die Masse etwa 20 Minuten quellen, dann mit offenem Deckel ausdampfen lassen. Die Flüssigkeit sollte vollkommen aufgesogen sein (Über-Flüssiges einfach abgießen).

Zwiebel, Knoblauch und Petersilie fein hacken und in Butter anschwitzen. Zusammen mit Majoran, Senf und den Eiern mit der Grünkernmasse vermengen. Mit Salz und Pfeffer abschmecken. Mit feuchten Händen flache Bratlinge formen.

Die Bratlinge in heißem Öl von beiden Seiten goldbraun braten.

Schmeckt warm oder kalt, als Imbiss, Beilage zum Salat oder als Hauptgericht mit Gemüse.

Für 4 Personen:

250 g Grünkern
  (geschrotet)
1 TL Gemüsebrühe
400 ml dunkles Bier
1 Zwiebel
1 Knoblauchzehe
1–2 Stängel Petersilie
1 EL Butter
½ TL Majoran
1 TL scharfer Senf
2 Eier
Salz, Pfeffer, Bratöl

Tipp: Man kann natürlich auch mit einer Bier-Wasser-Mischung arbeiten. Wer auch auf die Eier verzichten möchte, kann den Teig mit Grünkernmehl und/oder Semmelbröseln abbinden. So lässt sich auch ein zu feuchter Teig noch retten. Bei den Gewürzen sind der Fantasie keine Grenzen gesetzt. Also auch mal Estragon, Thymian, Oregano, Paprika- oder Chilipulver, Curry etc. ausprobieren.

Rühr-Bierei

Ist was für den Brunch oder für den kleinen Hunger.

Die Eier mit dem Bier und dem Sesamöl verquirlen, salzen und pfeffern.
Die Tomaten mit kochendem Wasser überbrühen und häuten, dann entkernen und würfeln. Butter in einer Pfanne erhitzen und die Tomaten hineingeben. Nach etwa 1 Minute die Eimasse hineingießen und stocken lassen. Dann mehrfach mit einem Kochlöffel zusammenschieben. Zum Schluss das Basilikum unterheben. Sofort servieren.

Für 4 Personen:

6 Eier
1 EL Bier
1 EL Sesamöl
Salz
Pfeffer
2 Tomaten
Butter zum Braten
3 Stängel Basilikum

Weißwürste mit Biersenf

Traditionalisten fordern, Weißwürste vor dem Mittagsläuten zu verzehren. Wir sehen das nicht so eng.

Weißwürste im Wasserbad erhitzen – nicht kochen! Bier in den Senf einrühren.

Weißwürste und Biersenf mit Brezeln und Weißbier servieren.

Für 4 Personen:

8 Weißwürste
1–2 EL süßliches Bockbier (hell oder dunkel)
100 ml Weißwurstsenf
4 Laugenbrezeln

Currywurst

Currywurst und Bier – die Standarddiät deutscher Männer. Hier ist beides schon vereint. Ein Bier dazu schmeckt trotzdem.

Tomatenmark in heißem Öl anschwitzen. Cayennepfeffer und Currypulver einrühren. Mit Orangensaft ablöschen, gut durchrühren und kurz aufkochen lassen. Bier und Zucker in die nur noch leicht köchelnde Sauce geben. Alles mit Salz und Pfeffer abschmecken. 2-3 Minuten köcheln und danach abkühlen lassen. Wenn die Sauce zu dick ist, einfach noch mit etwas Bier verdünnen.
Die Würste mehrfach quer leicht anritzen und in Öl braten.
Auf Teller legen – oder in Scheiben schneiden und auf Pappschälchen verteilen –, Sauce drüber und noch mal mit Currypulver bestreuen.

Dazu ein Brötchen oder Pommes.

Für 4 Personen:

Für die Sauce:
80-100 g Tomatenmark
Olivenöl
1 EL Cayennepfeffer (Pulver)
2 EL Currypulver
100 ml Orangensaft
100 ml helles Bier
1-2 TL Zucker
Salz, Pfeffer

4 große Bratwürste (à 250-300 g)
Öl
1 EL Currypulver

Bratwürste mit Bier-Meerrettich

Bratwürste schmecken vom Rost (Grill) einfach am besten. Man kann sie aber auch in der Pfanne braten oder fettfrei im Backofen.

Die Würste braten, Meerrettich mit Bier vermischen, Brötchen aufschneiden. Die fertigen Bratwürste in die Brötchen legen, mit dem Bier-Meerrettich bestreichen und reinbeißen.

Tipp: Man kann die Bratwürste natürlich auch mit Kraut auf Tellern servieren.

Für 4 Personen:

8 fränkische Bratwürste
2 EL Meerrettich
1 EL helles Bier
4 Brötchen

Leberkäse in Bierteig

Das ist was für hart gesottene Traditionalisten – sehr gehaltvoll, aber das macht eben manchmal einfach Spaß.

Das Mehl, das Ei, das Salz und das Bier zu einem dickflüssigen Teig verrühren. Den Schnittlauch hacken und unter den Teig heben. Alles 10 Minuten ruhen lassen.
Den Leberkäse von allen Seiten mit Bierteig umhüllen. In einer Pfanne im heißen Butterschmalz auf jeder Seite etwa 5 Minuten braten.

Für 4 Personen:

125 g Mehl
1 Ei
Salz
125 ml Bier
1 Bund Schnittlauch
4 Scheiben Leberkäse
Butterschmalz zum Braten

Forellenfilets mit Weizenkren

Ein ebenso leckerer wie einfacher erster Gang für viele Menüs. Kren ist nichts anderes als Meerrettich.

Je ein Filet auf einen Teller legen, Kren und Weizenbier gut verrühren und neben die Fischfilets geben. Beides mit Kresse bestreuen und fertig!

Für 4 Personen:

4 geräucherte Forellenfilets
3 EL Sahnemeerrettich
1 EL Kristallweizen
Kresse

Räucherfisch in Kräuteraspik

Die beste Fischsülze (allerdings ohne Bier) mit Bratkartoffeln haben wir in Meckpomm gegessen, im *Silberschälchen* in Ankershagen.

Die Gelatine nach Packungsanleitung auflösen – in der Regel in kaltem Wasser einweichen. Brühe erwärmen (nicht über 70 °C), Bier zugeben. Den Fisch in flache Stücke schneiden und gleichmäßig auf vier tiefe Teller verteilen. Kräuter fein hacken und darüberstreuen.
Die Gelatine aus dem Wasser nehmen, auspressen, in der warmen Bierbrühe auflösen und alles in die Teller gießen. Mit den Kapuzinerkresse-Blüten dekorieren (die kann man mitessen!). Teller im Kühlschrank kalt stellen, bis die Sülze fest ist. Das kann ein paar Stunden dauern.

Bratkartoffeln passen prima dazu.

Für 4 Personen:

8 Blatt weiße Gelatine
400 ml Gemüsebrühe
200 ml Pils
400 g geräuchertes Fischfilet (z. B. Aal, Forelle)
8–10 Stängel frische Kräuter (z. B. Dill, Kerbel, Estragon, Pimpinelle, Schnittlauch oder Kapuzinerkresse)
4 Kapuzinerkresse-Blüten

Biermuscheln

Hier sollte man auf jeden Fall ein herbes norddeutsches Bier verwenden.

Muscheln sauber putzen, offene oder beschädigte aussortieren.
Den Porree in Ringe, die Zwiebel in Würfel schneiden, den Knoblauch grob zerdrücken. Porree und Zwiebel in einem großen Topf in Olivenöl anbraten, den Knoblauch dazugeben und mit Wasser aufgießen. Pfefferkörner und Lorbeerblätter dazu und 5 Minuten kräftig aufkochen.

Dann die Muscheln in den Sud geben und mit dem Bier aufgießen. Nach etwa 5-10 Minuten sollten sich die Muscheln öffnen. Dann können sie serviert werden.

Dazu etwas von der Brühe und Weißbrot.

Für 4 Personen:

2-3 kg Miesmuscheln
1 Stange Porree
1 Zwiebel
4-5 Knoblauchzehen
Olivenöl
1 l Wasser
1 TL schwarze Pfefferkörner
2 Lorbeerblätter
1 l Pils

Tipp: Vor dem Kochen die geöffneten Muscheln aussortieren, nach dem Kochen die ungeöffneten.

Tapas

»Tapa« heißt Deckel. Der wird in Spanien auf die Weingläser gelegt, zum einen um Fliegen fernzuhalten und zum andern um darauf kleine Gerichte zu servieren. Wir machen daraus Bierdeckel.

Zur Ergänzung empfiehlt es sich, Schälchen oder kleine Teller mit Oliven, eingelegten Paprikas, Manchego-Käse, Serrano-Schinken oder ähnlichen Vorspeisen, die kein Bier benötigen, zu servieren. Als Beilage hierzu ist Weißbrot ein Muss.

Marinierte Sardinen

Die Sardinen salzen, pfeffern und in Mehl wenden. In Olivenöl von jeder Seite etwa 2–3 Minuten braten. Herausnehmen und in eine flache Schale legen.

Zwiebeln in dünne Ringe schneiden. Den Essig in eine heiße Pfanne (ohne Öl) geben. Pfefferkörner und Lorbeerblätter dazu. Mit Bier aufgießen, aufkochen lassen, Herd ausschalten (bei Elektroherd die Pfanne nach 1–2 Minuten vom Herd nehmen).

Wenn sich der Bierschaum gelegt hat, die Sardinen mit dem heißen Sud übergießen. Abkühlen lassen und dann noch 2–3 Stunden in den Kühlschrank stellen. Kalt servieren.

Für 4 Personen:

12 kleine Sardinen (à 50–60 g, küchenfertig und geschuppt)
Salz, Pfeffer, Mehl
Olivenöl
2 Zwiebeln
4–5 EL Sherryessig
1–2 TL bunte Pfefferkörner
2 Lorbeerblätter
100 ml helles Bier

Tipp: Frisch geröstete Pinienkerne passen gut dazu.

Chorizo in Schwarzbiersauce

Das Bier mit Rosmarin und Lorbeerblatt etwa auf die Hälfte einkochen. Die Chorizo in etwa 1 cm dicke Scheiben schneiden und in die Sauce geben. 15–20 Minuten höchstens leicht köcheln lassen. Mit Balsamico, Zucker, evtl. Pfeffer und Salz abschmecken. Abkühlen lassen, aber noch warm servieren.

Für 4 Personen:

250 ml Schwarzbier
1 Zweig Rosmarin
1 Lorbeerblatt
250–300 g Chorizo
(spanische Paprika-
wurst)
1–2 TL Balsamicoessig
(dunkel)
1 Prise Zucker
evtl. Pfeffer, Salz

Hähnchenbrust in Knobier

Hähnchenbrust gut waschen, in 1–2 cm dicke Streifen schneiden und in eine Schüssel legen. Knoblauch und Pfefferkörner zerdrücken, mit Thymian und Lorbeerblatt zum Hähnchen geben, 1 Prise Salz darüberstreuen und mit Bier aufgießen, bis das Fleisch bedeckt ist. Alles gut vermischen und für mehrere Stunden in den Kühlschrank stellen.

Das Fleisch aus der Marinade nehmen und gut abtropfen lassen. Die Marinade durch ein Sieb abgießen, die Flüssigkeit auffangen. Filetstreifen in heißem Olivenöl gut anbraten. Mit 5–6 Esslöffeln der Marinade ablöschen, Hitze reduzieren und alles noch 10–15 Minuten ganz leicht köcheln lassen. Mit Salz und frisch gemahlenem Pfeffer abschmecken.

Warm oder kalt servieren.

Für 4 Personen:

500 g Hähnchenbrustfilet
4–6 Knoblauchzehen
1–2 TL schwarze Pfefferkörner
2–3 Zweige Thymian
1 Lorbeerblatt
Salz
200–250 ml Export oder Kellerbier
Olivenöl
Pfeffer

Von Biergärten und Kellern

Die Institution der bayerischen Biergärten ist weithin bekannt und hat auch anderswo Nachahmer gefunden. Leider hat sich aber nicht überall das in Bayern verbriefte Recht durchgesetzt, dass man seine eigene Brotzeit mitbringen darf.

Weniger bekannt ist, dass es im Norden Bayerns, in Franken also, meistens nicht in den Biergarten, sondern auf den Bierkeller geht. Wer hier zum Kellerbesuch eingeladen wird, muss nicht fürchten, dass es in ein finsteres Verlies geht. Vor der Erfindung der Kältemaschine lagerten die Brauer das im Frühjahr eingebraute Bier in tiefen, kühlen Stollen. Die Hänge oder Berge, in die die Stollen eingegraben waren, wurden meist zusätzlich mit Schatten spendenden Bäumen bepflanzt. Das Bier (z. B. Märzen) war, der längeren Lagerfähigkeit wegen, stärker und wurde oft zusätzlich mit im Winter gewonnenem Eis gekühlt. Im Sommer schenkte man es dann gleich vor Ort aus. Der Keller ist also kein trostloser, dunkler Ort, sondern – meist an einem Hang oder auf einem Hügel gelegen – ein schattiges Plätzchen mit schöner Aussicht. Also ideal zum Genuss eines kühlen Biers und einer köstlichen Brotzeit – für die wir hier ein paar Anregungen liefern wollen.

Obatzda

In Franken heißt dieses Biergarten-Must-have Gerupfter.

Den Camembert mit einer Gabel zerdrücken. Die Zwiebel fein hacken und zusammen mit der Butter und dem Frischkäse untermischen. Mit Salz, Pfeffer, Paprika und Kümmel abschmecken. Zum Schluss das Bier unterrühren. Etwa 1 Stunde durchziehen lassen.

Dazu passt Rettich.

Für 4 Personen:

250 g Camembert
1 Zwiebel
1 EL Butter
100 g Frischkäse
Salz
Pfeffer
Paprikapulver
Kümmel
4 EL Bier

Tipp: Übrigens, je vollreifer der Camembert, desto besser gelingt der Obatzda!

Kräuterquark

Manche machen den Quark mit Mineralwasser geschmeidig, wir empfehlen Bier.

Kräuter waschen und fein hacken. Mit einer Prise Salz und dem Bier in den Quark einrühren.

Für 4 Personen:

1 Bund frische Kräuter (z. B. Schnittlauch, Kerbel, Oregano, Kapuzinerkresse)
Salz
2–3 EL Kellerbier oder Lager
500 g Quark (40 % Fett)

Limburger mit Musik

Vor allem die Zwiebeln machen hier die Musik, das Bier sorgt für die besondere Note.

Käse in fingerdicke Scheiben schneiden. Zwiebel klein hacken und darüberstreuen, salzen und pfeffern. Essig, Öl und Bier vermischen und darübergießen.

Für 4 Personen:

300 g Limburger Käse
1 Zwiebel
Salz, Pfeffer
1 EL Bieressig
1 EL Sonnenblumenöl
1 EL Pils

Tipp: Das Dressing passt auch zu Harzer Käse, Sülze und diversen Wurstsorten.

Schweizer Wurstsalat

Mit einem Hauch von Bier das ideale Plus für den Biergartenbesuch oder den lauen Sommerabend auf dem heimischen Balkon.

Wurst in dünne Scheiben, Käsescheiben in etwa 2 x 2 cm große Stücke und die Zwiebeln in dünne Ringe schneiden. Alles in eine flache Salatschüssel geben.
Öl, Essig und Bier mit Salz und Pfeffer gut verrühren und über den Wurstsalat gießen. Alles vermengen und mit dem in feine Röllchen geschnittenen Schnittlauch bestreuen.

Dazu ein würziges Bauernbrot.

Für 4 Personen:

300 g Fleischwurst
250 g Emmentaler oder Bergkäse
(in Scheiben)
1–2 Zwiebeln
3–4 EL Salatöl
1–2 EL Apfelessig
2–3 EL Pils
Salz, Pfeffer
1 kleiner Bund Schnittlauch

Tipp: Hier mit dem Bier wirklich sparsam umgehen! Denn der Wurstsalat soll nicht in der Sauce schwimmen – wie es leider in vielen Gaststätten der Fall ist. Auch verzichtet der Purist gerne auf Beigaben wie Tomaten (geben zu viel Wasser ab), Essiggurken (die Säure braucht es wirklich nicht mehr) oder gar Eier und Oliven. Allenfalls Rettich passt noch gut dazu.

Tellersülze

Wer will, kann sich die Sülze selber aus Schweinefüßen, Knochen und Ähnlichem auskochen. Wir machen es uns einfach und nehmen fertige Blattgelatine.

Die Gelatine nach Packungsanleitung auflösen – in der Regel in kaltem Wasser einweichen. Bier und Brühe in einem Topf warm machen – nicht über 70 °C erhitzen. Den kalten Braten, die Gürkchen und die Eier in flache Scheiben schneiden und gleichmäßig auf vier tiefe Teller verteilen. Die Gelatine aus dem Wasser nehmen, auspressen, in der warmen Bierbrühe auflösen und in die Teller gießen. Diese im Kühlschrank kalt stellen, bis die Sülze fest ist. Das kann ein paar Stunden dauern. Am besten bereitet man die Tellersülze also schon am Vortag vor.

Mit Brot servieren. Auch Bratkartoffeln passen prima dazu.

Für 4 Personen:

8 Blatt Gelatine
200 ml helles Bier
400 ml Gemüse- oder Fleischbrühe
500 g kalter Braten
8 Essiggurken
4 hartgekochte Eier

Tipp: Bei der Tellereinlage sind der Fantasie natürlich keinerlei Grenzen gesetzt.

Bierradi

Der Radi (Rettich) muss weinen. Dazu braucht er eigentlich nur Salz. Ein Hauch von Bier fängt die Tränen aber wunderbar auf.

Radi sauber putzen oder schälen, dann fein einschneiden, am Schluss soll eine Ziehharmonika entstehen. Wenn das Messer doch mal durchgleitet, sind einzelne Scheiben oder mehrere Stücke auch kein Drama. Dem Geschmack tut das keinen Abbruch.
Den Rettich auseinanderziehen, salzen und Bier drüber. Im Biersalz mehrmals wenden und ziehen lassen. Nach 5-10 Minuten hat das Salz dem Rettich genügend Flüssigkeit entzogen, er hat also genug geweint – fertig ist der Bier-Radi.

Da passt eigentlich nur eine Laugenbrezel dazu.

Für 4 Personen:

1 Rettich
Salz
1-2 EL Kellerbier oder Lager

Grundrezept Bier-Backteig

In diesen Teig kann man so ziemlich alles tunken und anschließend frittieren: Fleisch, Fisch, Gemüse oder Obst. Will man ein Dessert damit zubereiten, gibt man Zucker dazu.

Mehl mit den Eigelben, Öl, Bier, Salz und eventuell Zucker zu einem leicht flüssigen, glatten Teig verrühren. Den Teig anschließend bei Zimmertemperatur 30 Minuten ruhen lassen. Die Eiweiße zu Eischnee schlagen und unterheben. Teig sofort verwenden.

Für 4 Personen:

200 g Mehl
2 Eigelb
3 EL Öl
250 ml Bier
1 Prise Salz
2 Eiweiß

Für die süße Variante:
1 EL Zucker

Pizzateig

Wir machen ihn am liebsten mit Hefe in Würfel-, nicht in Pulverform.

Mehl in eine Schüssel sieben und in die Mitte eine Mulde drücken. Die Hefe fein hineinbröseln. Lauwarmes Bier und Wasser über die Hefe gießen. Salz und Zucker dazu, verrühren und 5–10 Minuten stehen lassen.

Dann alles zu einem möglichst glatten Teig vermengen. Dabei das Olivenöl zugeben. Wenn sich der Teig vom Schüsselrand lösen lässt, herausnehmen und auf einer bemehlten Arbeitsfläche kräftig durchkneten.

Den Teig wieder in die Schüssel legen, mit etwas Mehl bestreuen und zugedeckt etwa 1 Stunde an einem warmen Ort gehen lassen. Der Teig sollte dann etwa doppelt so groß sein wie zuvor.

Dann den Teig wieder herausnehmen und nochmals durchkneten. Er sollte glatt und geschmeidig sein.

Jetzt kann man ihn gleich verarbeiten – oder in Kugeln portionieren und noch einen Tag im Kühlschrank lassen. Die Kugeln lassen sich auch leicht einfrieren.

Den Teig in der gewünschten Form flach ausziehen. Wer's nicht lochfrei hinbekommt, kann ihn auch mit dem Nudelholz ausrollen.

Nach Belieben belegen. Im vorgeheizten Backofen (250 °C) etwa 10–12 Minuten backen, bis der Teig goldbraun ist.

Für 4 runde Pizzen (ca. 25 cm Durchmesser):

500 g Mehl
1 Hefewürfel (30 g)
150 ml helles Bier
100 ml Wasser
1 gehäufter TL Salz
1 gestrichener TL Zucker
2 EL Olivenöl
Mehl zum Bearbeiten

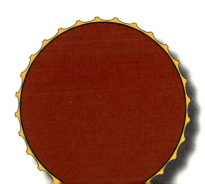

Nudelteig mit Ei

Mehl in eine Schüssel sieben. Eine Mulde in die Mitte drücken, Eier und Salz hineingeben und vom Rand her mit dem Mehl verkneten. Während des Knetens nach und nach Bier und Öl zugeben. Wenn sich der Teig von der Schüssel löst, auf eine bemehlte Arbeitsfläche legen und mehrere Minuten kräftig durchkneten, dabei immer wieder flachdrücken.

Den Teig zu einem festen Ballen formen, in Frischhaltefolie einwickeln und etwa 1 Stunde an einem warmen Ort ruhen lassen.

Den Teig in mehrere Portionen teilen und flach ausrollen. 20-30 Minuten trocknen lassen. Dann am besten mit einer Nudelmaschine weiterverarbeiten. Ansonsten noch flacher ausrollen und die Nudeln in der gewünschten Form und Größe ausschneiden.

Für ca. 500 g Nudeln:

400 g Mehl
2 Eier
1 TL Salz
30-50 ml Bier
1-2 TL Olivenöl

Mehl für die Arbeitsfläche

Tipp: Die Kochzeit hängt von der Dicke der Nudeln und der Konsistenz des Teiges ab. Also vorher testen oder während des Kochens (in Salzwasser) laufend probieren. Nach 3-4 Minuten könnten sie schon al dente sein.

Pastateig

Mehl mit Bier und einer Prise Salz vermischen und langsam, aber kräftig durchkneten. Ist der Teig zu feucht, einfach noch etwas Mehl dazu, ist er zu trocken, hilft ein Schuss Bier (oder Wasser). Den Teig zu einem festen Ballen formen, in Frischhaltefolie einwickeln und etwa 1 Stunde an einem warmen Ort ruhen lassen. Den Teig in mehrere Portionen teilen und auf einer bemehlten Arbeitsfläche flach ausrollen. 20–30 Minuten trocknen lassen. Dann am besten mit einer Nudelmaschine weiterverarbeiten. Ansonsten noch flacher ausrollen und die Nudeln in der gewünschten Form und Größe ausschneiden.

Die Nudeln können sofort gekocht oder – auf Vorrat gemacht – weiter getrocknet werden.

Für 450 g Pasta:

300 g Hartweizenmehl
   (Semola di grano duro)
150 ml helles Bier
Salz
Mehl für die Arbeits-
   fläche

Tipps: Die Kochzeit hängt von der Dicke der Nudeln, der Konsistenz des Teiges und der Trocknung ab. Nach 2-3 Minuten könnte frische Pasta schon al dente sein.
Hartweizenmehl lässt sich besser verarbeiten als Hartweizengrieß. Man kann aber auch den Grieß halb und halb mit normalem Mehl mischen. Das Bier kann auch mit Wasser verdünnt werden, die Flüssigkeitsmenge darf sich dadurch aber nicht erhöhen. Der Teig kann mit etwas Olivenöl geschmeidiger gemacht werden.

Würziges Brauerbrot

Die Hälfte des Mehls in eine Schüssel sieben. Sauerteig und zerbröckelte Hefe mit dem lauwarmen Bier verrühren und mit dem Mehl mischen, den Teig leicht kneten. Die Schüssel mit einem Tuch zudecken und den Vorteig über Nacht bei Raumtemperatur gehen lassen.

Am nächsten Tag Kümmel und Koriander (man kann auch noch Fenchel und Anis nehmen) in einem Mörser leicht zerstoßen. Das restliche Mehl auf den Teig sieben, mit den Gewürzen und Salz verrühren und verkneten, dabei so viel lauwarmes Wasser (oder Bier) zugeben, dass der Teig geschmeidig bleibt, aber nicht auseinanderläuft. Erneut zudecken und an einem warmen Ort nochmals 2–3 Stunden gehen lassen.

Alufolie aufs Backblech legen. Aus dem Teig einen flachen Laib formen und auf die Folie legen. Den Ofen auf 250 °C vorheizen. Bis es soweit ist, den Teig mit Wasser (oder Bier) bestreichen. Eine kleine, feuerfeste Schale oder ein Backförmchen mit Wasser füllen und in den Ofen stellen.

Den Brotteig leicht mit Mehl bestäuben und kreuz- oder rautenförmig einschneiden. Das Backblech auf die untere Schiene schieben und etwa 1–1½ Stunden backen. Nach 30 Minuten das Schälchen aus dem Ofen nehmen und die Temperatur auf 200 °C reduzieren.

Den Ofen ausschalten, das Brot herausnehmen, nochmals mit kaltem Wasser bestreichen und dann in der Restwärme des Ofens trocknen und ruhen lassen.

Für 1 Laib Brot (ca. 800 g):

500 g Roggenmehl
50 g Sauerteig (Roggensauer)
¼ Hefewürfel
200–250 ml bernsteinfarbenes Lager oder Export
1 EL Kümmel
1 EL Koriandersamen
2 TL Salz
100–200 ml Wasser

Mehl zum Bestäuben

Tipp: Den Sauerteig kann man auch selber ansetzen, es gibt ihn aber bei den meisten Bäckern fertig zu kaufen – man sollte ihn sicherheitshalber vorbestellen.

Saucen lassen sich am besten und meist ganz einfach beim Braten und Schmoren herstellen. Aber manchmal soll es auch zu Kurzgebratenem oder Fisch was zum Tunken und für die Beilagen geben.

Tomatensauce

Passt prima zu Pasta und zu vielen Fisch- und Geflügelgerichten.

Zwiebeln und Knoblauch fein hacken. In Olivenöl anbraten (der Knoblauch darf nicht braun werden). Tomatenmark anschwitzen. Die Hälfte des Biers einrühren. Dann die Tomaten und den Rest vom Bier drüber, Oregano hinein, mit Salz und Pfeffer abschmecken und 20–30 Minuten köcheln lassen.
Mit Basilikumblättern garniert servieren.

Für 4 Personen:

1–2 Zwiebeln
1 Knoblauchzehe
1–2 EL Olivenöl
1 EL Tomatenmark
100 ml helles Bier
1 Dose (425 ml) gehackte
   oder passierte Tomaten
1 TL Oregano (gerebelt)
Salz
Pfeffer
8–10 Blätter frisches
   Basilikum

Bierchamelsauce

Seit der Erfindung der Saucenbinder gilt die Béchamelsauce als etwas angestaubt (»Becher-Mehl-Soß«). Mit Bier verleihen wir ihr neue Frische.

Butter im Topf schmelzen – nicht zu heiß werden lassen. Mehl mit einem Schneebesen einrühren und anschwitzen. Das Mehl soll aufschäumen, darf aber nicht braun werden. Unter ständigem Rühren erst die Milch, dann das Bier und schließlich die Sahne langsam dazugeben. 5–10 Minuten leicht köcheln und dabei weiter umrühren, zwischendurch mit frisch geriebener Muskatnuss, Salz und Pfeffer abschmecken.

Tipp: Sollte das Mehl leicht geklumpt haben, kann man die Sauce durch ein Sieb gießen.

Für 4 Personen:

20 g Butter
1 EL Mehl
100 ml Milch
100 ml helles Bier
50 ml süße Sahne
Muskatnuss
Salz, weißer Pfeffer

Helle Biersauce

Zwiebel fein hacken und in Olivenöl andünsten. Wenn die Zwiebeln glasig sind, das Mehl darüberstreuen und 1 Minute anschwitzen, dabei ständig rühren.
Mit Brühe aufgießen und aufkochen, nach und nach – damit es nicht zu sehr schäumt – das Bier und schließlich die Sahne dazugeben. Die Flüssigkeit sollte etwa auf die Hälfte einkochen. Dann die Sauce vom Herd nehmen und die in kleine Stücke geschnittene Butter darin auflösen. Mit Pfeffer abschmecken. Salz wird wegen der Brühe kaum nötig sein.

Für 4 Personen:

1 Zwiebel
2 EL Olivenöl
1 EL Mehl
200 ml Gemüsebrühe
200 ml helles Bier
100 ml süße Sahne
30 g Butter
Pfeffer

Dunkle Biersauce

Speck, Zwiebel und Möhre sehr fein würfeln und in heißem Olivenöl anschwitzen. Rosmarinblätter hacken und zusammen mit dem Mehl in den Topf geben. Weitere 2–3 Minuten anschwitzen, dabei ständig umrühren (das Mehl soll leicht anbräunen).

Langsam mit Bier ablöschen – Vorsicht: kann stark schäumen! Erst wenn sich der Bierschaum allmählich legt, stärker aufkochen und auf die Hälfte der Flüssigkeit einkochen. Dann den Herd abschalten und die Sauce mit Salz und Pfeffer abschmecken. Wenn die Sauce aufhört zu kochen, die eisgekühlte Butter in kleinen, dünnen Stücken einrühren.

Wer die Sauce ganz glatt haben will, kann sie nach der Butterzugabe durch ein Sieb passieren.

Für 4 Personen:

80 g durchwachsener Speck
1 Zwiebel
1 Möhre
1–2 TL Olivenöl
1 Zweig Rosmarin (je nachdem, was die Sauce begleitet, auch Thymian, Oregano, Salbei)
1 EL Mehl
500 ml dunkles Bier
Salz, Pfeffer
30 g eiskalte Butter

Senfsauce

Passt zu vielen Fischgerichten.

Butter und Mehl miteinander verkneten. Die Eigelbe mit etwa 50 ml Fischfond verquirlen. Den restlichen Fischfond und das Bier in einem Topf erhitzen. Erst das Butter-Mehl-Gemisch, dann die Eigelbmasse und dann den Senf einrühren. Kurz aufkochen und 5–10 Minuten leicht köcheln lassen. Mit Zitronensaft, Zucker und Salz abschmecken.

Für 4 Personen:

1 EL Butter
1 EL Mehl
2 Eigelb
200 ml Fischfond
200 ml helles Bier (Export)
2 TL Senf
Saft einer halben Zitrone
Zucker, Salz

Tipp: Statt Zitrone mal Orange probieren.

Zwiebelsauce

Angebräunte Zwiebeln und braunes Bier – perfekt.

Zwiebeln fein würfeln und in der Hälfte der Butter goldgelb bis leicht braun anbraten. Zucker zugeben. Unter ständigem Rühren langsam mit Bier aufgießen. Den Kümmel dazu und leicht einkochen lassen. Mit Salz und Pfeffer abschmecken. Nach etwa 10 Minuten die restliche Butter und die Sahne einrühren. Nach Bedarf mit Mehl abbinden.

Für 4 Personen:

2-3 Zwiebeln
2 EL Butter
1 TL brauner Zucker
250 ml dunkles Bier
1 TL Kümmel
   (im Mörser zerstoßen
   oder gemahlen)
Salz, Pfeffer
100 ml Sahne
evtl. 1 EL Mehl

Bayerisch Hollandaise

Könnte auch Rheinisch, Friesisch oder Kölsch Hollandaise heißen. Unsere Version schmeckt mit vielen hellen Biersorten.

Die Eigelbe und das Bier über einem heißen Wasserbad mit einem Schneebesen cremig schlagen. Mit Salz und Pfeffer würzen.
Die Butter bei niedriger Hitze schmelzen. Leicht abkühlen lassen und unter ständigem Rühren in die Ei-Bier-Creme geben. Zum Schluss mit Zitronensaft abschmecken.

Wird klassisch zu Spargel gegessen, passt aber auch gut zu Fisch.

Für 4 Personen:

2 Eigelb
60 ml helles Bier
Salz, Pfeffer
150 g Butter
1 Spritzer Zitronensaft

Dips und Marinaden

Grüne Tapenade

Ein Klassiker aus Südfrankreich, den man auch mit schwarzen Oliven zubereiten kann.

Die Oliven klein schneiden. Die Kapern in einem Sieb abtropfen lassen. Den Knoblauch schälen. Alles in ein hohes Rührgefäß geben, den Senf hinzufügen und das Ganze mit dem Pürierstab zerkleinern. Nach und nach das Öl zugeben. Mit dem Weizenbier, Salz und Pfeffer abschmecken und noch einmal verrühren.

Passt zu Kurzgebratenem oder Gegrilltem. Auf getoastetem Weißbrot ist die Tapenade eine schnelle Vorspeise.

Für 4 Personen:

150 g grüne Oliven ohne
  Stein
20 g in Salz eingelegte
  Kapern
2 Knoblauchzehen
1 TL mittelscharfer Senf
3 EL Olivenöl
1 Schuss Weizenbier
Salz, Pfeffer

Thunfisch-Dip

Nicht eben kalorienarm, aber köstlich. Und wenn man nur Möhrchen oder Selleriestangen reintunkt, gleicht sich die Nährwertbilanz wieder aus.

Den Thunfisch abtropfen lassen. Mit der Mayonnaise, den Kapern und dem Bier in ein hohes Rührgefäß geben und mit dem Pürierstab fein pürieren. Den Schnittlauch fein hacken und dazugeben. Mit Salz und Pfeffer abschmecken.

Ein idealer Begleiter zu Rohkost.

Für 4 Personen:

150 g Thunfisch in Öl
3 EL Mayonnaise
1 EL Kapern
2 EL Bier
¼ Bund Schnittlauch
Salz, Pfeffer

Weizen-Kräuter-Dip

Zitronenmelisse und Weizenbier gehen hier eine raffinierte Partnerschaft ein.

Die Knoblauchzehen fein hacken. Mit dem Weizenbier und dem Öl verrühren. Die Kräuter fein hacken und mit dem Essig und dem Senf zu der Ölmischung geben. Das Ei hart kochen, schälen, fein schneiden und darunterziehen. Mit Salz, Pfeffer und Zucker abschmecken.

Einfach mal Chicorée-Blätter reintunken!

Für 4 Personen:

2 Knoblauchzehen
125 ml Kristallweizen
2 EL Olivenöl
4 Stängel glatte Petersilie
4 Bund Schnittlauch
3 Stängel Zitronen-
   melisse
1–2 EL Apfelessig
1 EL mittelscharfer Senf
1 Ei
Salz, Pfeffer, Zucker

Knobier-Dip

Je herber das Bier, desto besser.

Die Crème fraîche mit dem Zitronensaft und dem Bier verrühren. Die Knoblauchzehen schälen, salzen und fein zerdrücken. Zum Dip geben und schaumig aufschlagen. Mit Salz, Pfeffer und Worcestersauce abschmecken.

Passt zu kurzgebratenem Fleisch und zu Fondue, schmeckt aber auch als Dip zu Sellerie oder Möhren.

Für 4 Personen:

200 g Crème fraîche
Saft von ½ Zitrone
1 EL Pils
3 Knoblauchzehen
Salz, Pfeffer
Worcestersauce

Grill-Marinade für Fleisch

Senf in eine Schüssel geben. Salz, Pfeffer, Paprika dazu und durchrühren. Das Fleisch damit einreiben. Zwiebeln in Ringe schneiden und in eine flache Form legen. Das Fleisch daraufgeben und mit Bier aufgießen, bis es bedeckt ist. Über Nacht in den Kühlschrank stellen.

Am nächsten Tag (oder Abend – das Fleisch darf gerne 24 Stunden und mehr in der Marinade ziehen) das Fleisch abtropfen lassen und auf den Grill damit.

Für ca. 600–800 g Fleisch:

3–4 EL Senf
1–2 TL Salz
1–2 TL Pfeffer
1–2 EL Paprikapulver (je nach Geschmack: edelsüß oder rosenscharf)
1–2 Zwiebeln
500 ml Schwarzbier

Tipp: Die Marinade kann – während das Fleisch auf dem Grill liegt – etwas eingekocht und eventuell mit Tomatenmark verdickt werden. Dann passt sie statt Ketchup oder Senf gut als Sauce zum Grillfleisch. Und das Bier kommt doppelt gut an.

Süßer Weißbierschaum

Mehr als ein Sahnehäubchen für Obstsalat, Beeren oder Schokoladenspeisen – auf jeden Fall mal was anderes.

Ei, Eigelb und Zucker schaumig schlagen. Über einem heißen Wasserbad das Weißbier zugeben, etwa 5 Minuten zu einer cremigschaumigen Masse verrühren.

Für 4 Personen:

1 Ei
1 Eigelb
80 g Zucker
100 ml helles Hefeweißbier

Wohl bekommt's – Bier ist gesund

Bier, maßvoll und nicht unbedingt aus Maßkrügen genossen, schützt vor Herzinfarkt, senkt den Cholesterinspiegel und hilft, Insulin besser zu verwerten. Das behaupten nicht wir, sondern zahlreiche wissenschaftliche Studien – die durchaus nicht alle von Brauerei-Verbänden gesponsert sind. Medizinische Wunder kann man vom Gerstensaft natürlich nicht erwarten, wohl aber ein ganzes Fass wohltätiger Inhaltsstoffe. Bier enthält über 30 Mineralien und Spurenelemente.

Ein Liter Bier deckt fast die Hälfte des Tagesbedarfs eines Erwachsenen an Magnesium und etwa 20 % des Kaliumbedarfs. Eisen, Kupfer, Phosphor und Zink mischen ebenfalls mit. Nicht zu vergessen Silizium, das für gesunde Knochen wichtig ist. Dazu gesellen sich Vitamine, vor allem die aus der B-Familie: B6, B2, B1 und B9, auch als Folsäure bekannt, sind dabei, außerdem Pantothensäure und Niacin. Die beiden letztgenannten Inhaltsstoffe regen den Hautstoffwechsel an. Das soll auch funktionieren, wenn man das Bier trinkt, man muss es sich nicht ins Gesicht schmieren. Ein weiteres Gesundheitsplus bringt der Hopfen mit. Der Münchner Brau-Professor Anton Piendl hat das genau untersucht. Humulus Lupulus, wie der Hopfen botanisch heißt, wirkt demnach antikanzerogen, antimikrobiell, antithrombotisch und antioxidativ, er hemmt Entzündungen, beugt Osteoporose und Arteriosklerose vor. Ernährungsphysiologisch gesehen ist Bier also ein richtiges Kraftpaket, viel besser als Vitaminpillen aus dem Drogeriemarktregal. Das gilt übrigens auch für die alkoholfreie Variante. Darüber hinaus darf deutsches Bier wegen des Reinheitsgebotes keine chemischen Zusätze oder Konservierungsmittel enthalten – und das ist eine Eigenschaft, die bei einer Kochzutat allen Gesundheitsbewussten wohl bekommt. Fehlt nur noch die Frage nach den Kalorien. Auch bei der macht die Antwort Spaß, denn Bier schneidet hier blendend ab. In einem 0,25-l-Glas Pils stecken knapp über 100 kcal, in einem ebenso großen Glas Vollmilch fast 180 kcal, die gleiche Menge Traubensaft enthält etwa 150 und Rotwein fast 200 kcal. Na dann Prost!

Eichblattsalat mit Kerbel-Kristall-weizen-Dressing

Das Kristallweizen verleiht dem Dressing eine fruchtige Note.

Salat waschen, trocken schleudern und zerpflücken.

Walnussöl, Sahne, Kristallweizen und Senf in eine Tasse geben und verrühren.

Den Kerbel fein hacken und dazugeben. Mit Salz und Pfeffer abschmecken und über den Salat geben.

Für 4 Personen:

1 Kopf Eichblattsalat
1 EL Walnussöl
1 EL Sahne
25 ml Kristallweizen
1 TL scharfer Senf
4 Stängel Kerbel
Salz, Pfeffer

Brauersalat

Dieser Salat kam auch bei Freunden an, die sich für Grünzeug sonst nicht so begeistern konnten.

Den Salat waschen und zerteilen.

Sahne, Kürbiskernöl und Bier in einer Schüssel vermischen. 1 Zehe Knoblauch schälen und hineindrücken. Den Schnittlauch fein schneiden und untermischen. Mit Kümmel, Salz und Pfeffer abschmecken.

Das Weißbrot würfeln und in der Butter knusprig rösten. Die zweite Knoblauchzehe auspressen und kurz mitbraten.

Den Salat mit dem Dressing vermischen und die Brotwürfel darüberstreuen.

Für 4 Personen:

1 Romanasalat
100 ml saure Sahne
½ EL Kürbiskernöl
2 EL Pils
2 Knoblauchzehen
¼ Bund Schnittlauch
1 Prise gemahlener
  Kümmel
Salz, Pfeffer
4 Scheiben Weißbrot
40 g Butter

Krautsalat mit Weizenbier-Pimpinelle-Dressing

Pimpinelle wächst in unserem Gemüsegarten wie Unkraut. Im Kohlsalat macht sie sich aber nützlich, weil sie mit ihrem nussigen Geschmack das Krautaroma verfeinert.

Den Weißkohl raspeln.
Öl, Sahne und Bier in einer Tasse verquirlen. Pimpinelle mit dem Pürierstab zerkleinern und zugeben. Mit Salz, Pfeffer und Zucker abschmecken und zum Weißkohl geben.

Schmeckt prima zu Bratwürsten.

Für 4 Personen:

400 g Weißkohl
2 EL Haselnussöl
1 EL Sahne
50 ml Weizenbier
6 Stängel Pimpinelle
Salz, Pfeffer, Zucker

Feldsalat mit Braunbier-Dressing

Noch so ein Experiment, das wir für die älteste Dicker-Schwester, die Essig hasst, ausgetüftelt haben. Es hat nicht nur ihr geschmeckt.

Den Feldsalat waschen, verlesen und sehr gut trocken schleudern.
Die Walnusskerne hacken.
Braunbier, Kürbiskern- und Sonnenblumenöl mit Senf, Salz und Pfeffer gut verrühren. Mit dem Feldsalat vermischen.

Für 4 Personen:

200 g Feldsalat
50 g Walnusskerne
2 EL Braunbier
1 EL Kürbiskernöl
1 EL Sonnenblumenöl
1 TL scharfer Senf
Salz, Pfeffer

Tipp: Das nächste Gurkenglas nicht wegschmeißen, wenn es leer ist. Ausgespült kann man es als Shaker für Salatdressing verwenden – Zutaten rein, Deckel drauf, zuschrauben, schütteln und fertig.

Rucolasalat mit Parmesan und Pils

»Was haben wir gegessen, bevor es Rucola gab?«, fragte neulich eine Freundin. Wir haben nicht geantwortet, sondern uns diesen Salat ausgedacht – der auch mit Eis-, Kopfsalat oder anderem Grünzeug funktioniert.

Den Rucola verlesen und waschen. Den Sellerie waschen, putzen und in dünne Scheiben schneiden. Die Tomaten waschen und vierteln. Alles in einer Salatschüssel mischen.
Das Öl, das Bier, Salz und Pfeffer gut verrühren und über den Salat geben. Den Parmesan grob darüberreiben.

Für 4 Personen:

200 g Rucola
100 g Stangensellerie
6 Kirschtomaten
3 EL Olivenöl
2 EL Pils
Salz, Pfeffer
200 g Parmesan

Möhrenrohkost mit Estragon-Bier-Pesto

Ist frisch und gesund, und das Raspeln wird mit maschineller Hilfe à la Moulinette zum Kinderspiel.

Die Möhren schälen und raspeln.
Die Haselnusskerne in einer Pfanne ohne Öl anrösten. Auf ein Geschirrtuch geben, einschlagen und das Tuch gegen die Nüsse reiben. Das löst die leicht bitteren Außenhäute. Die Estragonblätter von den Stängeln zupfen. Nüsse und Estragonblätter mit dem Öl und dem Bier in ein hohes Rührgefäß geben und mit dem Pürierstab zerkleinern. Danach den Honig dazugeben und gut vermischen. Mit Salz abschmecken und unter die Möhren heben.

Für 4 Personen:

400 g Möhren
50 g Haselnusskerne
4 Stängel Estragon
1 EL Walnussöl
50 ml Export oder Lager
½ TL flüssiger Honig
Salz

Bier-Raita mit Gemüse

Was macht man, wenn man einen indisch inspirierten Gemüsesalat zubereiten will und nicht genügend Raita, also Joghurt, im Haus hat? Genau. Mittlerweile ist die Notlösung mit Bier zum festen Bestandteil all unserer Indien-Menüs geworden.

Den Joghurt mit dem Bier und dem Kreuzkümmel vermischen und mit Salz und Pfeffer abschmecken.
Die Salatgurke waschen und in kleine Würfel schneiden. Die Zwiebel schälen und hacken. Die Tomaten waschen und klein schneiden. Die gekochten Kartoffeln schälen und fein schneiden.
Alles mit der Joghurt-Biersauce vermischen und mindestens 1 Stunde durchziehen lassen. Vor dem Servieren den Koriander grob schneiden und das Gemüse-Raita damit dekorieren.

Für 4 Personen:

200 ml Joghurt
100 ml helles Bier
½ TL gemahlener Kreuzkümmel
½ TL Salz
Pfeffer
½ Salatgurke
1 Zwiebel
2 Tomaten
2 gekochte Kartoffeln
6 Stängel frischer Koriander

Tipp: Koriander, die Petersilie Asiens, gibt's in Asia-Läden und gut sortierten Supermärkten. Das Kraut lässt sich aber auch ganz einfach im Topf oder Beet aus Saatgut ziehen.

Indischer Tomatensalat

Statt mit Zitrone wird hier mit Kristallweizen abgeschmeckt.

Die Tomaten waschen und in kleine Würfel schneiden. Die Chilischote hacken. Den Koriander waschen, trocken schütteln und ebenfalls hacken. Alles in eine Schüssel geben, mit Kristallweizen, Zucker und Salz würzen und für 1 Stunde in den Kühlschrank stellen. Die Erdnüsse grob hacken und kurz vor dem Servieren untermischen.

Für 4 Personen:

4 Tomaten
½ grüne Chilischote
3 Stängel Koriander
1 EL Kristallweizen
½ TL Zucker
Salz
100 g gesalzene Erdnüsse

Tipp: Das restliche Bier einfach zu den übriggebliebenen Erdnüssen als Fernseh-Snack trinken.

Romanasalat mit Altbieraigrette

Süßer Senf und herbes Bier? Unserer Meinung nach eine gute Partnerschaft.

Den Salat waschen, trocknen und zerteilen. Die Pinienkerne in einer Pfanne ohne Fett rösten.
Die Hälfte der Pinienkerne fein hacken. Senf, Altbier und die beiden Ölsorten gut vermischen, die gehackten Pinienkerne unterrühren. Mit Salz und Pfeffer abschmecken.
Das Dressing über den Salat geben und die restlichen Pinienkerne darüberstreuen.

Für 4 Personen:

2 Romanasalatherzen
20 g Pinienkerne
1 TL süßer Senf
2 EL Altbier
2 EL Walnussöl
2 EL Traubenkernöl
Salz, Pfeffer

Party-Salat

Ohne den guten alten Nudelsalat würde was fehlen.

Den Salat waschen, gut trocknen und in schmale Streifen schneiden. Gurke waschen und längs vierteln. Die Kerne entfernen. Dann die Gurkenviertel in etwa 1 cm dicke Scheiben schneiden. Die Tomaten waschen und halbieren. Den Schnittlauch waschen, trocknen und klein schneiden. Den Joghurt mit der Mayonnaise und dem Meerrettich verrühren. Das Bier dazugeben und ebenfalls gut verrühren. Den Schnittlauch hineinrühren und alles mit Salz und Pfeffer abschmecken.

In einem großen Topf Wasser für die Nudeln zum Kochen bringen und die Nudeln nach Packungsangabe garen. Abgießen und gut abtropfen lassen.

Die Nudeln mit dem Dressing, der Gurke, den Tomaten und dem Salat vermischen.

Für 4 Personen:

½ Kopf Eisbergsalat
½ Salatgurke
150 g Kirschtomaten
½ Bund Schnittlauch
100 g Joghurt
2 EL Mayonnaise
2 EL Sahnemeerrettich
50 ml Kristallweizen
Salz, Pfeffer
200 g Spiralnudeln

AB-Salat

Das »A« steht für Artischocken, das »B« für Bohnen, wir fügen noch ein »L« für lecker hinzu.

Die Bohnen waschen, putzen und kochen. Aus dem Kochwasser nehmen und abtropfen lassen. Die Artischocken-Böden abtropfen lassen und in Stücke schneiden. Die Schalotten fein würfeln. Alles mit den Bohnen in eine Schüssel geben.
Das Bockbier mit dem Essig, dem Öl und dem Senf verrühren. Mit Zucker, Salz und Pfeffer abschmecken und noch einmal verrühren. Das Dressing über den Salat geben und kurz ziehen lassen.

Für 4 Personen:

300 g grüne Bohnen
150 g Artischocken-
   Böden aus dem Glas
2 Schalotten
30 ml Bockbier
10 ml Balsamicoessig
40 ml Traubenkernöl
1 EL mittelscharfer Senf
Zucker, Salz, Pfeffer

Tomaten-Zuckerschoten-Salat mit Altbieraigrette

Wenn man gebratene Hühnchenbrust dazu serviert, wird daraus ein leichtes Hauptgericht.

Die Tomaten und die Zuckerschoten putzen und waschen. Den Feldsalat verlesen, waschen und gut trocknen. Die Tomaten vierteln und mit den Zuckerschoten auf einer Platte anrichten. Den Feldsalat dazulegen. Die Zutaten für die Bieraigrette gut vermischen. Die fertige Bieraigrette über den Salat träufeln.

Für 4 Personen:

6 Tomaten
200 g Zuckerschoten
200 g Feldsalat
4 EL Altbier
4 EL Walnussöl
3 EL Erdbeeressig
1 TL flüssiger Waldhonig
Pfeffer, Salz

Tipp: Wenn Sie keinen Erdbeeressig bekommen, tut's auch ein milder Sherryessig.

Achtung! Bei allen Suppen, Eintöpfen und Saucen, bei denen Bier aufgekocht wird, ist anfangs mit starker Schaumbildung zu rechnen. Also, immer einen Schaumlöffel zum Abschöpfen bereithalten.

Klassische fränkische Biersuppe

Diese einfache und schnelle Biersuppe sättigt, schmeckt und ist nebenbei noch äußerst günstig.

Milch und Bier getrennt erwärmen. Butter in einem Topf zerlassen, mit einem Schneebesen Mehl unterrühren, bis die Masse leicht gebräunt ist. Dann die Milch zugießen und aufkochen lassen. Nelken, Zimt und Knoblauch dazugeben, zum Schluss das warme Bier. Mit Zucker und Salz abschmecken.

Dazu passen geröstete Weißbrotwürfel.

Für 4 Personen:

500 ml Milch
500 ml Bier
30 g Butter
30 g Mehl
2 Nelken
½ Zimtstange
½ Knoblauchzehe
Zucker, Salz

Rheinische Biersuppe

Wirkt mit Rosinen und Zimt auf den ersten Blick exotisch, ist aber ganz bodenständig.

Bier, Rosinen, Zimt und Zucker in einen Topf geben und aufkochen lassen. Mit Salz, Pfeffer und Muskat würzen. Hitze stark reduzieren. Die Eigelbe und die Sahne verquirlen und in die Suppe rühren. Das Brot würfeln. Die Butter in einer Pfanne zerlassen und das Brot darin anrösten.
Die Suppe in Teller geben, die Brotwürfel darauf verteilen und Petersilie darüberzupfen.

Für 4 Personen:

700 ml Alt
2 EL Rosinen
¼ Zimtstange
Zucker
Salz, Pfeffer, Muskat
2 Eigelb
200 ml Sahne
2 Scheiben Brot
1 EL Butter
3 Stängel Petersilie

Nudelsuppe

Hühnersuppe soll bei Erkältungen Wunder wirken. Wir mögen sie an allen kalten Tagen, auch unerkältet.

Hühnchen innen und außen gut waschen und in einen Topf legen. Bier dazu und mit Wasser aufgießen, bis das Huhn gut bedeckt ist. Salzen und pfeffern. Etwa 1 Stunde kochen, den grauen Schaum immer wieder mit einem Schaumlöffel entfernen.
Das Suppengrün putzen und in grobe Stücke schneiden. Zwiebel schälen und halbieren. Liebstöckelblätter fein hacken. Nach der ersten Stunde Kochzeit alles zusammen zur Hühnerbrühe geben und nochmals 1–1½ Stunden kochen.
Das Huhn aus der Brühe nehmen und das Fleisch mit einer Gabel in kleinen Stücken von den Knochen lösen und von der Haut befreien. Das Suppengemüse und die Zwiebel aus der Brühe fischen. Das Fleisch zurück in die Suppe geben und zusammen mit den Nudeln bis zu deren Garzeit weiterkochen. Petersilie hacken und darüberstreuen.

Für 4 Personen:

1 Hühnchen
1 l helles Bier
Salz, Pfeffer
1 Bund Suppengrün
1 Zwiebel
1–2 Blätter Liebstöckel
150–200 g Suppennudeln
2–3 Stängel krause Petersilie

Tipp: Liebstöckel wird auch Maggikraut genannt. Wer mal reinbeißt oder auch nur dran riecht, weiß warum. Also, vorsichtig dosieren!

57

Schwäbische Flädlesuppe (Pfannkuchensuppe)

Für die Suppe dürfen die Pfannkuchen gerne auch schon einen Tag alt sein – schließlich ist das eine schwäbisch sparsame Resteverwertung.

Mehl, Milch, Bier und Eier mit einer Prise Salz zu einem flüssigen, klumpenfreien Teig verrühren. 1 Stunde stehen lassen.
Ein Stück Butter in der Pfanne erhitzen. Eine Schöpfkelle Teig in die Pfanne geben und zerlaufen lassen, bis der ganze Boden dünn bedeckt ist. Pfannkuchen erst wenden, wenn die Unterseite nach 3–5 Minuten fest und goldbraun ist. Bei Bedarf noch etwas Butter in die Pfanne geben.
Möhren, Sellerie und Lauch gut putzen und sehr fein schneiden. Im Suppentopf in Olivenöl dünsten, salzen und mit 1½ l Wasser aufgießen. Wer mag, kann davon auch 100–200 ml in Form von Pils zugeben. 1 Stunde kochen, dann Kerbel und Estragon hinein und die Suppe leicht abkühlen lassen.
Die Pfannkuchen in dünne, etwa 3–4 cm lange Streifen (Flädle) schneiden und auf Suppenteller verteilen. Den Schnittlauch klein schneiden, die Flädle mit der Suppe übergießen, den Schnittlauch darüberstreuen – und fertig.

Für 4 Personen:

Für die Pfannkuchen:
150 g Mehl
150 ml Milch
150 ml Bier (Hell, Lager oder Export)
2 Eier
Salz
Butter

Für die Suppe:
150 g Möhren
100 g Sellerie
1 kleine Lauchstange
2 EL Olivenöl
Salz
1 EL gehackter Kerbel
1 EL gehackter Estragon
1 kleiner Bund Schnittlauch

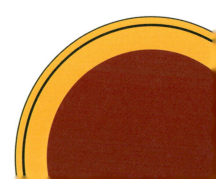

Schmalzbrotsuppe

Die deftige Zwiebelsuppenvariante macht auch als Hauptgericht satt.

Zwiebeln vierteln und schneiden. In Butter anrösten, bis sie leicht braun werden. Mit Brühe und 400 ml Bier aufgießen, aufkochen und dann köcheln lassen. Bei Bedarf salzen und pfeffern.

Das Brot in Würfel schneiden und kurz im restlichen Bier einweichen. Aus dem Bier nehmen und in Schmalz rösten. Die Brotwürfel mit dem Schmalz auf Suppenteller verteilen, das Einweichbier in die Suppe geben und damit die Brotwürfel übergießen.

Für 4 Personen:

2 Zwiebeln
Butter
200 ml Gemüse- oder
    Fleischbrühe
500 ml Bier
Salz, Pfeffer
200 g Brot (kein Weißbrot)
Schmalz

Zwiebelsuppe

Zu diesem Süppchen schmeckt auch ein Wein, ist aber kein Muss.

Zwiebeln in Ringe schneiden und in Öl anrösten. Das Tomatenmark mit anschwitzen. Mit Bier ablöschen, kurz aufkochen, Fleischbrühe dazu, erneut kurz aufkochen. Majoran und Kümmel zugeben und dann eine Viertelstunde köcheln lassen. Bei Bedarf mit Salz und Pfeffer abschmecken.

Ofen auf 200 °C vorheizen. Die Suppe in feuerfeste Schalen oder Tassen füllen, die Weißbrotscheiben drauflegen, mit dem Käse bestreuen und überbacken, bis der Käse goldbraun ist. Auf Esstemperatur abkühlen lassen und dann erst servieren.

Für 4 Personen:

500 g Zwiebeln
Olivenöl
1 EL Tomatenmark
500 ml Bier (Braunbier
    oder Märzen)
500 ml Fleischbrühe
1 Prise Majoran
1 TL Kümmel
Salz, Pfeffer
4 Scheiben Baguette
100 g geriebener
    Emmentaler

Hafer-Biersuppe

Ein ganz schnell gekochter Warmmacher für kalte Tage.

Die Haferflocken in einen Topf geben und mit Bier aufgießen. Den Ingwer reiben und dazugeben. Bei geringer Hitze unter ständigem Rühren etwa 15 Minuten köcheln lassen.
Wenn die Suppe zu dickflüssig wird, einfach noch Bier zugeben. Mit Zucker und einer Prise Salz abschmecken.

Für 4 Personen:

100 g Haferflocken
1 l helles Bier
½ TL Ingwer
Zucker, Salz

Erbsensuppe

Wer keine frischen Erbsen palen möchte, nimmt einfach Tiefkühlerbsen.

Die Erbsen waschen. Schalotten schälen und würfeln.
Ein Viertel der Butter in einem Topf zerlassen. Die Schalotten und die Erbsen darin andünsten. Mit Salz, Pfeffer und Zucker würzen. Die Brühe und das Bier dazugeben. 5–10 Minuten bei niedriger Hitze garen.
Von der Platte nehmen und mit einem Pürierstab pürieren. Die Sahne und den Rest der Butter dazugeben, durchrühren und durch ein Sieb passieren.
Noch einmal aufkochen lassen, dann mit dem gehackten Kerbel bestreuen und servieren.

Für 4 Personen:

200 g Erbsen (ausgepa...
2 Schalotten
50 g Butter
Salz, Pfeffer, Zucker
400 ml Brühe
100 ml helles Bier
50 ml Sahne
3–4 Stängel Kerbe...

Kürbis-Bier-Süppchen

Seltsamerweise sind viele Männer nicht besonders glücklich, wenn sie hören, dass es Kürbissuppe gibt. Dieses Rezept mit Bierbegleitung hat aber eigentlich noch jeden mit dem Herbstgemüse versöhnt.

Die Schalotten fein hacken. Das Öl erhitzen und die Schalotten darin anschwitzen. Den Kürbis in Würfel schneiden und etwa 1 Minute mitrösten. Mit dem Essig ablöschen, mit Brühe aufgießen und weich kochen. Das Ganze passieren, mit Salz, Pfeffer und Zucker abschmecken.
Jetzt das Bier dazugeben und nochmals erhitzen. Die Sahne schlagen und unterheben.

Für 4 Personen:

2 Schalotten
2 EL Rapsöl
400 g Kürbisfleisch
2 EL Essig
1 l Fleischbrühe
Salz, Pfeffer
½ TL Zucker
750 ml Bier (z. B. Alt oder bernsteinfarbenes Lager)
150 ml Schlagsahne

Tipp: Der Hokkaido-Kürbis kann mitsamt der Schale zubereitet werden, das spart viel Putzarbeit. Die Suppe funktioniert aber auch mit dem Klassiker, dem Gelben Zentner.

Möhren-Kokos-Suppe mit Curry und Bier

Ein bisschen Asien im Suppentopf. Die Kokosmilch sorgt dafür, dass die Suppe schön cremig ist.

Die Möhren schälen und in Scheiben schneiden. Die Frühlingszwiebeln waschen, putzen und in Stücke schneiden. Das Öl erhitzen, die Möhrenwürfel darin anbraten, dann die Frühlingszwiebeln dazugeben. Alles 3-4 Minuten anschwitzen, dann das Currypulver einrühren. Mit dem Bier und dem Wasser aufgießen. Zugedeckt 25 Minuten köcheln lassen.
Danach fein pürieren und die Kokosmilch einrühren. Mit Salz und Pfeffer abschmecken und noch einmal 2 Minuten köcheln lassen.
Vor dem Servieren die Korianderblätter grob zerzupfen und auf die Suppe streuen.

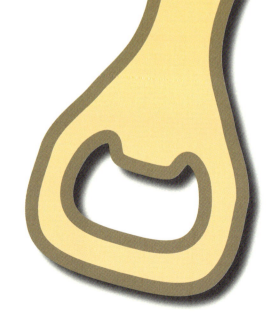

Für 4 Personen:

600 g Möhren
100 g Frühlingszwiebeln
1 EL Öl
1 EL Currypulver
400 ml Bier
400 ml Wasser
300 ml ungesüßte Kokosmilch
Salz, Pfeffer
4 Stängel Koriander

Petersilienwurzelsuppe mit Bier und Kren

Ein österreichisches Rezept, das wir mit Bier abgewandelt haben.

Die Petersilienwurzeln schälen und in dünne Scheiben schneiden. In einem Topf die Butter erhitzen, die Petersilienwurzeln anbraten und den Meerrettich dazugeben. Mit dem Bier und dem Geflügelfond aufgießen.
Wenn die Petersilienwurzel weich ist, alles mit einem Pürierstab pürieren und dann durch ein Sieb passieren. Die Sahne dazugeben und mit Salz, Pfeffer und Zucker abschmecken. Zum Warmhalten auf die Platte zurückstellen, aber nicht mehr aufkochen lassen.
Für die Einlage die Petersilienwurzel schälen und in dünne Scheiben schneiden. Die Petersilienblätter von den Stängeln zupfen. Das Öl erhitzen und beides darin frittieren.
Den geriebenen Kren in Suppentassen geben, die Suppe einfüllen und das frittierte Gemüse darauf verteilen.

Für 4 Personen:

Für die Suppe:
200 g Petersilienwurzeln
Butter zum Braten
2 EL frisch geriebener Kren
125 ml helles Bier
750 ml Geflügelfond
200 ml Sahne
Salz, Pfeffer, Zucker

Für die Einlage:
100 g Petersilienwurzel
4 Stängel Petersilie
Öl zum Frittieren
1 EL frisch geriebener Kren

Gazpacho con Cerveza

An einem heißen Sommertag sinkt die Lust auf warmes Essen umgekehrt proportional zum Verlangen nach einem kühlen Getränk. Diese Gleichung entwickeln wir weiter und bilden die Summe aus kalter spanischer Suppe und gekühltem Bier. Das muss übrigens nicht von der Iberischen Halbinsel kommen.

Die Tomaten waschen und würfeln. Die Gurke schälen, längs halbieren, die Kerne entfernen und klein schneiden. Die Paprika waschen, putzen und ebenfalls klein schneiden. Eine Handvoll vom Gemüse für die Einlage beiseite stellen, den Rest in eine Schüssel geben, leicht salzen und mehrere Stunden ziehen lassen.
Die Zwiebeln schälen und würfeln. Das Weißbrot ebenfalls in Würfel schneiden. Den Knoblauch schälen. Alles zum Gemüse geben und mit dem Pürierstab pürieren. Den Essig, das Bier und das Öl einrühren, bis eine cremige Suppe entsteht. Mit Pfeffer würzen und mindestens 2 Stunden in den Kühlschrank stellen. Vor dem Servieren die restlichen Gemüsewürfel auf die Suppe geben.

Für 4 Personen:

800 g Tomaten
350 g Salatgurke
250 g rote Paprika
200 g gelbe Paprika
100 g grüne Paprika
Salz

2 Zwiebeln
4 Scheiben Weißbrot
1 Knoblauchzehe
1 EL Weißweinessig
250 ml Bier
100 ml Olivenöl
Pfeffer

Bouillabaisse

Bei der Bouillabaisse kann man sich mit Fischfilets (500 g) und fertigem Fischfond (400 ml) viel Arbeit sparen, aber diesmal machen wir es uns nicht ganz so einfach. Und natürlich verwenden wir Bier statt Weißwein – am besten ein herbes Pils von der Küste.

Fische schuppen und sorgsam filetieren. Köpfe, Gräten, Flossen und Schwänze mit einer halben Zwiebel in 500 ml leicht gesalzenem Wasser etwa 1 Stunde auskochen. Den Schaum am Anfang mit einem Schaumlöffel entfernen. Den Sud abseihen und bereitstellen.

Fenchel, Staudensellerie und Möhren fein würfeln, Lauch in dünne Ringe schneiden, Knoblauch und die restliche halbe Zwiebel hacken. Alles zusammen in reichlich Olivenöl andünsten.

Tomate häuten und entkernen, das feste Fruchtfleisch würfeln und mit Thymian und Oregano zum Gemüse geben. Mit Fischsud und Bier übergießen. Etwa 20–25 Minuten köcheln lassen.

Die Fische in mundgerechte Stücke teilen und in die Suppe geben. Mit so viel Wasser aufgießen, dass es für vier Portionen reicht. Mit Salz und Pfeffer abschmecken. Nur kurz aufkochen und dann 10–15 Minuten ziehen lassen.

Auf Teller oder Schalen verteilen, gehackte Petersilie bzw. Dillspitzen darüberstreuen.

Dazu passt geröstetes Knoblauch-Weißbrot.

Für 4 Personen:

1 kg Seefisch (verschiedene Sorten, ausgenommen)
1 Zwiebel
1 Fenchelknolle
2 Stangen Staudensellerie
1–2 Möhren
1 Stange Lauch
1–2 Knoblauchzehen
Olivenöl
1 große Tomate
1 Zweig Thymian
1 Zweig Oregano
300 ml herbes Pils
Salz, Pfeffer
Petersilie oder Dill

Bierhuhnsuppe

Die hat bei uns weniger mit der indonesischen Bihunsuppe zu tun, sondern ähnelt mehr der thailändischen Tom Ka Gai.

Hühnchenbrust waschen, Sehnen und Fett entfernen und in kleine Würfel oder Streifen schneiden (max. 1-2 cm dick). Champignons in dicke Scheiben schneiden. Galgantwurzel schälen und in dünne Scheiben schneiden. Frühlingszwiebeln putzen, in feine Ringe schneiden. Zitronengras zerdrücken und in 4-5 cm lange Stücke zerteilen. Kaffirlimettenblätter und Chilis halbieren.

Kokosmilch im Topf zum Kochen bringen. Das Bier dazugeben und wieder aufkochen. Fleisch, Galgantwurzel, Zitronengras und Kaffirlimettenbätter hineingeben und 3-4 Minuten kochen, dann die Champignons und Chilis dazu. 10-15 Minuten bei kleiner Hitze köcheln lassen, dann die Frühlingszwiebeln dazu. Mit Fischsauce, Limettensaft und bei Bedarf etwas Zucker abschmecken, Basilikumblätter dazugeben, gut durchrühren und 2-3 Minuten ziehen lassen. Ganz zum Schluss fein gehackten Koriander darüberstreuen.

Für 4 Personen:

400 g Hühnchenbrustfilet
200 g kleine braune Champignons
1-2 daumengroße Stücke Galgantwurzel (ersatzweise Ingwer)
2-3 Frühlingszwiebeln
1-2 Stängel Zitronengras
4 Kaffirlimettenblätter
2 rote Chilischoten
400 ml Kokosmilch
200 ml helles Bier
1 EL Fischsauce (ersatzweise Salz)
½-1 Limette oder Limettensaft
evtl. Zucker
4 Blätter Thai-Basilikum
1 kleiner Bund Koriander

Tipp: Zitronengras und Kaffirlimettenblätter werden nicht mitgegessen und darum nur in grobe Stücke zerteilt. Chilis sind Geschmackssache. Die Mengenangaben sind hier für eine Vorspeisenportion angegeben. Für ein Hauptgericht zu duftendem Thaireis einfach die Menge entsprechend erhöhen.

Gemüsetopf

Das ist ein sommerlicher Eintopf, der ganz ohne Fleisch auskommt.

Das Gemüse waschen und putzen oder schälen. Brokkoli in Röschen teilen, alles andere klein schneiden. Das Öl in einem großen Topf erhitzen. Das Gemüse darin anschwitzen. Mit Pfeffer und Salz abschmecken. Dann mit dem Bier und dem Wasser aufgießen. Etwa 20 Minuten köcheln lassen.

Für 4 Personen:

100 g Erbsen (frisch gepalt oder tiefgekühlt)
100 g grüne Bohnen
100 g Zucchini
100 g Stangensellerie
100 g gelbe Paprika

200 g Brokkoli
200 g Möhren
300 g Kartoffeln
150 g Petersilienwurzel
6 EL Olivenöl
Pfeffer, Salz
1 l Bier
1 l Wasser

Spreewälder Biertopf

Wir haben die Spreewaldgurken an Straßenständen auf dem Weg nach Berlin gekauft – die aus dem Supermarkt tun's aber auch.

Das Fleisch würfeln und in dem heißen Schmalz anbraten. Zwiebeln schälen, in grobe Stücke schneiden, zum Fleisch geben und mitbraten.

Alles salzen und Bier und Wasser dazugießen. Das Paprikapulver zugeben, umrühren und alles etwa 65 Minuten zugedeckt bei niedriger Hitze schmoren lassen.

Die Tomaten blanchieren und häuten. Danach vierteln und in der Suppe etwa 10 Minuten köcheln lassen.

Die Senfgurken in Streifen schneiden und dazugeben. Das Gulasch mit Schmand binden und mit Salz und Pfeffer abschmecken.

Dazu passen Nudeln.

Für 4 Personen:

1 kg Schweinenacken ohne Knochen
2 EL Butterschmalz
3 Zwiebeln
Salz
250 ml Bier
125 ml Wasser
2 EL Paprikapulver (edelsüß)
800 g Tomaten
250 g Senfgurken
125 ml Schmand
Salz, Pfeffer

Chili con Carne y Cerveza

Schmeckt, wie fast alle Eintöpfe, nach dem Aufwärmen am nächsten Tag noch besser.

Die Zwiebel würfeln, Knoblauch fein hacken, Paprika in Stücke schneiden. In einem großen Topf – den Boden gut mit Olivenöl bedeckt – Fleisch, Zwiebel und Knoblauch anbraten. Paprika hinein, Salz und reichlich Chilis drüber, gut durchrühren. Dann mit dem Bier ablöschen. Aufkochen lassen, bis die Flüssigkeit mindestens um die Hälfte reduziert ist. Einen Schuss Ketchup und die Tomaten dazugeben. Wenn Sie statt eines süßlichen ein herberes Bier verwenden, darf der Schuss auch größer ausfallen. Alles gut durchrühren, aufkochen und dann bei geringer Hitze etwa 20 Minuten köcheln lassen. Erst jetzt die Bohnen (vorher abgießen) und den Mais dazugeben. Noch ein paar Minuten köcheln lassen, den Herd ausschalten und das Chili im geschlossenen Topf ziehen lassen, bis es Esstemperatur hat.

Dazu passen Weißbrot und ein grüner Blattsalat.

Für 4 Personen:

1 Zwiebel
1–2 Knoblauchzehen
1 grüne Paprika
Olivenöl
500 g gemischtes Hackfleisch
Salz
getrocknete, gemahlene Chilis
250 ml dunkles Bier (am besten ein malzig-süßliches nach Münchner Art)
Tomatenketchup
1 Dose Tomaten (425 ml, in Stücken oder gehackt)
2 Dosen (je 425 ml) Kidneybohnen
1 Dose Mais

Pichelsteiner

Die deutsche Variante des Irish Stew – ein Schlechtwetteressen, das richtig satt macht.

Fleisch in mundgerechte Würfel schneiden. Zwiebeln in Streifen oder halbe Ringe, das Wurzelgemüse und die Kartoffeln in Scheiben oder Würfel schneiden, den Kohl vom Strunk befreien und in Streifen schneiden.

Speck würfeln und in einem feuerfesten Topf auslassen. Fleisch und Zwiebeln darin anbraten, salzen und pfeffern, nach 3–4 Minuten wieder herausnehmen.

Den Topf schichtweise mit Kohl, Kartoffeln, Fleisch und Wurzelgemüse füllen. Immer wieder leicht salzen und pfeffern.

In einem separaten Topf die Brühe kurz aufkochen, Kümmel dazu, Butter und Bier einrühren. Die Bierbrühe in den Topf mit dem Fleisch und dem Gemüse gießen, Deckel drauf und das Ganze für 1–1½ Stunden in den auf 180 °C vorgeheizten Ofen stellen.

Mit gehackter Petersilie bestreut servieren.

Für 4 Personen:

600 g Fleisch (Rind, Schwein, Kalb, Lamm)
2–3 große Zwiebeln
300–400 g Möhren, Sellerie, Petersilienwurzel
300–400 g Kartoffeln
1 kleiner Kopf Weißkohl oder Wirsing
150 g durchwachsener, geräucherter Speck
Salz, Pfeffer
250 ml Gemüsebrühe
1 TL Kümmel
50 g Butter
250 ml helles Bier
Petersilie

Tipp: Beim Pichelsteiner sollten mindestens zwei Sorten Fleisch verwendet werden. Wichtig ist auch, bei Eintöpfen, die im Backofen fertig gegart werden, nur Töpfe mit wirklich dicht schließenden Deckeln zu verwenden – nur dann bleibt die köstliche Brühe ganz erhalten.

Irish Stew

Für diesen Eintopf gibt es mindestens so viele Variationen, wie es irische Familien gibt. Von Bier ist in den Rezepten nur selten die Rede, das trinken sie wohl lieber, die Iren.

Fleisch in 2,5 cm große Würfel schneiden. Kartoffeln schälen und in 1 cm dicke Scheiben schneiden. Vom Kohl den Strunk entfernen und die Blätter in Streifen, Zwiebeln in Ringe und Möhren in Scheiben schneiden.
Schichtweise Kartoffeln, Kohl und Fleisch in einen ofenfesten Topf legen. Dabei mit Salz, Pfeffer und Kümmel würzen und Lorbeerblätter, Thymian, Zwiebeln und Möhren darin verteilen. Ganz oben sollte wieder eine Schicht Kartoffeln kommen. Mit Bier aufgießen und dann so viel Wasser zugeben, dass die oberste Schicht gerade bedeckt ist.
Einmal aufkochen, dann Deckel drauf, in den auf 180 °C vorgeheizten Ofen stellen und rund 2 Stunden garen.
Gehackte Petersilie oder fein geschnittenen Schnittlauch darüberstreuen und servieren.

Für 4 Personen:

800 g Lammfleisch (Schulter oder Keule)
500 g Kartoffeln
500 g Weißkohl
2 Zwiebeln
2 Möhren
Salz, Pfeffer
2 TL Kümmel
2-3 Lorbeerblätter
1-2 Zweige Thymian
500 ml Irish Stout oder Altbier
Petersilie oder Schnittlauch

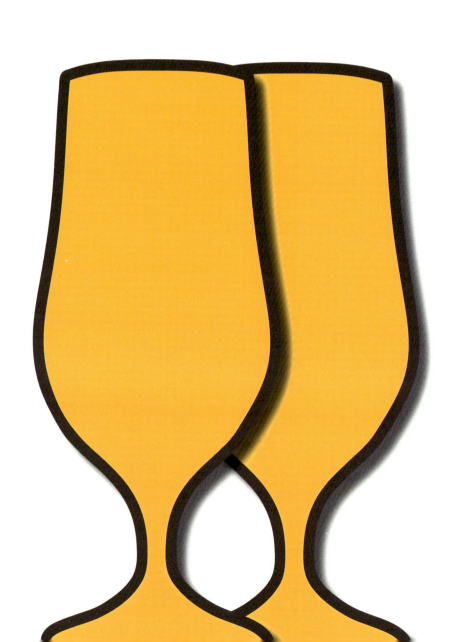

Manchmal bleibt für lange Kocheinlagen keine Zeit. Zum Beispiel wenn's zum gemeinsamen Fußballgucken vor den Fernseher geht. Diese Gerichte sind schnell gekocht oder lassen sich gut vorher zubereiten und können dann in gemütlicher Runde verzehrt werden.

Bockwurst in Bockbier

Bockwürste in einem großen Topf mit Bockbier aufgießen, bis sie gerade so bedeckt sind – um nicht zu viel von dem edlen Stoff zu verbrauchen. Erhitzen, aber immer darauf achten, dass das Bier nicht kocht. 1 Esslöffel vom Sud mit Senf verrühren und mit Brot zu den Bockwürsten servieren. Prost Mahlzeit!

Tipp: Mit dem Sud lässt sich ein Kartoffelsalat (siehe Beilagen S. 151) abschmecken – ist etwas aufwändig, passt aber prima zu den Bockwürsten. Oder es gibt am nächsten Tag ein leckeres Biersüppchen.

Für 4 Personen:

4 große Bockwürste
500 ml helles Bockbier
Scharfer Senf

Doppel-Bock-Suppe

Geht auch in der Null-Bock-Variante, das heißt mit hellem Vollbier und ohne Wurst.

Schnell und einfach:
1 l Wasser zum Kochen bringen, dabei die Gemüsebrühe einrühren. Kartoffeln schälen, in Würfel schneiden und in die Brühe geben. Bier dazu und alles 15–20 Minuten kochen lassen. Würste in Scheiben schneiden und ab in die Suppe. Herd herunterdrehen und alles noch 5–10 Minuten ziehen lassen.

Etwas aufwändig, aber besser:
Porree in etwa 1 cm dicke Ringe und Möhren in Scheiben schneiden. Beides im Suppentopf mit etwas Olivenöl anbraten. Mit dem Bier ablöschen. Kartoffeln schälen und in Würfel schneiden und ab in den Topf. Mit Salz und Pfeffer würzen und dann 1 l Wasser aufgießen. Etwa 30 Minuten kochen. Wer mag, kann auch noch etwas Gemüse oder Rinderbrühe dazugeben, ist aber durch das Öl vom Anbraten nicht nötig.
Bockwürste in Scheiben schneiden und in die Suppe geben. Noch mal etwa 15–20 Minuten bei schwacher Hitze köcheln lassen. Klein gehackte Petersilie drüber und fertig.

Für 4 Personen:

2 Stangen Porree
2–3 Möhren
Olivenöl (oder einfach
    Instant-Gemüsebrühe)
250 ml helles Bockbier
400 g Kartoffeln
Salz, Pfeffer
2 Bockwürste
Petersilie

Bier-Buletten

Brötchen im Bier einweichen, dann gut ausdrücken und über dem Fleisch zerrupfen. Zwiebel sehr fein schneiden und dazugeben. Höchstens 100 ml vom Bier mit dem Ei, Salz und Pfeffer verquirlen und darübergießen. Alles gut zu einem Teig verkneten. Sollte er zu trocken sein, kann noch ein bisschen vom Einweichbier dazugegeben werden. Ist er zu feucht, hilft etwas Mehl. Aus der Masse Buletten in der gewünschten Größe formen – darauf achten, dass sie möglichst flach sind. Dann von beiden Seiten jeweils etwa 4–5 Minuten in heißem Öl anbraten.

Schmeckt auch kalt. Mit Brot und Senf servieren. Manche mischen den Senf ja schon unter die Fleischmasse – wir reichen ihn lieber dazu.

Für 4 Personen:

1 trockenes Brötchen
100–200 ml Bier (Helles, nach Geschmack)
500 g gemischtes Hackfleisch
1 Zwiebel
1 Ei
Salz, Pfeffer
Öl
Senf

Pils-Omelett

Eier, Bier, Butter (klein geschnitten, damit sie sich besser auflöst), Salz und Pfeffer zu einer schaumigen Masse verquirlen. In eine Pfanne mit etwas heißem Öl geben. 3–5 Minuten warten, bis der Boden fest und die Oberfläche schon etwas gestockt ist – dann wenden. Das geht am besten mit einem Teller in der Größe der Pfanne: Teller aufs Omelett legen, festhalten und die Pfanne umdrehen, Pfanne zurück auf den Herd und das Omelett mit der weichen Seite nach unten hineingleiten lassen. Nach weiteren 3–5 Minuten ist es fertig.

Für 4 Personen:

10 Eier
100 ml Bier (Pils oder je nach Lust und Laune – funktioniert mit allen Bieren)
50 g Butter
Salz, Pfeffer
Olivenöl

Tipp: Das Omelett kann nach Belieben aufgehübscht werden. Dazu gibt man klein geschnittenes Gemüse, Salami- oder Schinkenstücke in die Eiermasse.

Wurstgulasch

Ganz einfach. Einfach gut.

Wurst würfeln, Zwiebel und Knoblauch schälen und hacken.
Zwiebel und Knoblauch in einem Topf in wenig Öl andünsten, Wurstwürfel dazu, Paprikapulver drüber, umrühren. Nach 2–3 Minuten gehackte Tomaten in den Topf, Dose mit Bier füllen, Rest trinken, Bier in die Sauce, umrühren und 20–30 Minuten bei offenem Deckel leicht köcheln lassen. Mit Tabasco und Salz abschmecken – fertig.

Brot oder Brötchen dazu.

Für 4 Personen:

600 g Brühwurst
   (z. B. Fleischwurst,
   Lyoner, Krakauer
   oder Schinken-
   wurst)
1 Zwiebel
1 Knoblauchzehe
Öl
1 TL Paprikapulver
   (edelsüß)
1 Dose (425 ml)
   Tomatenstücke
500 ml Bier (alles
   außer Hefeweizen)
Tabasco
Salz

Tipp: Mit etwas weniger Wurst, gehackten oder passierten Tomaten, der ganzen Flasche Bier und geschlossenem Topfdeckel wird's eine Gulaschsuppe.

Bier-Fleischkäse

Es gibt Leute, die auf Fleischkäse zum Aufbacken Speckstreifen legen, damit die Kruste nicht zu sehr austrocknet. Unsere Variante hat die gleiche Wirkung, aber weniger Fett, was natürlich die Gesamtbilanz beim Fleischkäse nur unwesentlich mindert. Aber ab und zu muss er einfach sein!

Den Fleischkäse in der Mitte mit einem Messer einschneiden. ¾ des Bieres hineingießen. Mit dem Rest den Fleischkäse bestreichen. Fleischkäse in den vorgeheizten Backofen geben (180 °C) und etwa 1½ Stunden backen.

Dazu passen Kartoffelsalat und Laugenbrezeln.

Für 4 Personen:

1 kg Fleischkäse in der Aluschale zum Aufbacken
200 ml Bier

Bierschaum-Käse-Nudeln

Gorgonzola in kleine Stücke schneiden.
Nudeln 1 Minute kürzer als auf der Packung angegeben kochen. Durch ein Sieb abgießen. Olivenöl in den Topf, Nudeln ins heiße Öl, Käse dazu, durchrühren bis der Käse zu schmelzen beginnt und Bier drüber. Aufkochen, bis es schön schäumt. Sofort auf Teller verteilen und servieren.

Tipp: Bei Gorgonzola-Gerichten sollte man mit dem Salzen vorsichtig sein, denn der Käse ist sehr würzig.

Für 4 Personen:

150 g Gorgonzola
400 g Nudeln
1 EL Olivenöl
150 ml Pils
evtl. 1 Prise Salz

Blaue Zipfel

Das Blau hat hier erst mal nichts mit dem Rausch zu tun. Blaue Zipfel sind eine umstrittene fränkische Spezialität: Die einen lieben sie, die andern ganz und gar nicht. Es handelt sich um Bratwürste, die eben nicht gebraten, sondern in einem Essigsud erhitzt werden. Wie gesagt, wer's liebt – und wenn man Wasser in Bier verwandelt, dann schmeckt's auch uns.

Suppengrün klein schneiden, Zwiebeln in Ringe schneiden und in einen Topf werfen. Lorbeerblätter, Wacholderbeeren und Pfefferkörner dazugeben. Mit Essig und Bier aufgießen, zuckern, salzen und alles etwa 30 Minuten lang kochen. Herd herunterdrehen, bis der Sud nicht mehr kocht. Die Bratwürste in den Sud legen und noch mal etwa 20 Minuten darin ziehen lassen. Der Sud darf leicht sieden, aber nicht mehr kochen, denn sonst platzen die Würste.
Die blauen Zipfel kommen im Sud auf den Tisch, und jeder kann so viel davon löffeln, wie er will.

Dazu passt am besten ein würziges Bauernbrot.

Für 4 Personen:

1 Bund Suppengrün
 (Lauch, Möhre, Sellerie)
3 große Gemüsezwiebeln
3 Lorbeerblätter
1 TL Wacholderbeeren
1 TL schwarze Pfefferkörner
100 ml Weißweinessig
500 ml helles Bier
 (kein herbes Pils)
1 Prise Zucker
Salz
8 fränkische Bratwürste

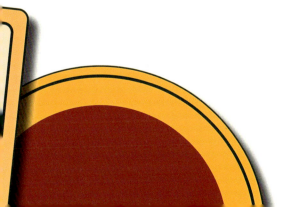

Scharfe Thunfisch-Bolo

Die Zwiebel fein hacken und in einem Topf in Olivenöl glasig anbraten. Das Tomatenmark im Öl anschwitzen und dann mit dem Bier aufgießen (die Sauce soll dickflüssig bleiben). Die Chilis (bzw. Cayenne oder Tabasco) und den Oregano einrühren und köcheln lassen. Mit Salz abschmecken.

Das Wasser für die Spaghetti aufsetzen. Den Thunfisch gut abtropfen lassen. Die Nudeln kochen. Den Thunfisch mit der Gabel zerpflücken und in die Tomatensauce einrühren.

Spaghetti nach Packungsanleitung kochen, abgießen, auf tiefe Teller verteilen, Sauce drüber und mit Parmesan bestreuen.

Für 4 Personen:

1 Zwiebel
2 EL Olivenöl
2-3 EL Tomatenmark
250 ml Export
1 TL gemahlene Chilis (alternativ Cayennepfeffer oder Tabasco)
1 TL Oregano
Salz
1-2 Dosen Thunfisch
500 g Spaghetti
geriebener Parmesan

Rind

Bœuf Bierguignon

Bœuf Bourguignon ist einer der Weinklassiker schlechthin. Nicht nur, weil ein guter Burgunder hierzulande selten zu bekommen ist, bietet sich die Biervariante an, sie eröffnet auch ganz neue, vollmundige Geschmacksnuancen.

Perlzwiebeln bzw. Schalotten häuten. Zwiebeln würfeln. Möhren schälen, längs halbieren und in Stücke schneiden. Champignons putzen. Rindfleisch in 5–6 gleich große Stücke schneiden. Fleisch mit Salz und Pfeffer würzen, im Mehl wenden und abklopfen.

Perlzwiebeln, Möhren und Champignons in einem Bräter in Olivenöl 3–5 Minuten anbraten, dann herausnehmen. Noch etwas Öl in den Bräter träufeln und die Fleischstücke von allen Seiten scharf anbraten. Fleisch herausnehmen und Zwiebeln und Speck (am Stück) anbraten, Tomatenmark dazugeben und mit anschwitzen. Mit 250 ml Bier ablöschen, die Kräuter hineingeben und kräftig aufkochen. Dann das Fleisch zugeben, mit dem restlichen Bier und der Brühe aufgießen, nochmals aufkochen und dann bei geschlossenem Deckel bei geringer Hitze mindestens 2 Stunden schmoren lassen.

Ist zu viel Flüssigkeit verdampft, noch etwas Bier zugießen. Ist die Sauce zu dünnflüssig, mit einem Stück Butter (20–30 g) abbinden.

Wenn das Fleisch zart ist, das angebratene Gemüse hinzufügen, mit Salz und Pfeffer ab-

Für 4 Personen:

250 g Perlzwiebeln oder
  kleine Schalotten
2–3 Zwiebeln
500 g Bundmöhren
200 g kleine Champignons
1½ kg Rindfleisch
  (Schulter oder noch
  besser Zungenbug)
Salz, Pfeffer
Mehl
Olivenöl
200 g durchwachsener
  Speck
Tomatenmark
750 ml dunkles Bier
Je 1 Stiel Thymian, Rosmarin und 2 Lorbeerblätter
250 ml Rinderbrühe
Butter
1 Bund Petersilie
1 Knoblauchzehe

schmecken, alles noch mal 15 Minuten schmoren, Petersilie und fein gehackten Knoblauch in die Sauce einrühren und dann 15 Minuten ruhen lassen.

Dazu passen optimal Kartoffelpüree und ein Salat.

Tipp: Wenn Sie ein Rauchbier – eine fränkische Spezialität – verwenden, können Sie auch den Speck weglassen.

Böfflabier

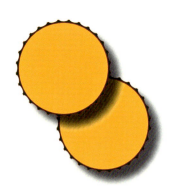

Ihr Böfflamott haben die Bayern aus der Zeit geerbt, als sie mit Napoleon verbündet waren. Seither haben sie das französische Bœuf à la mode nicht nur sprachlich, sondern auch in der Rezeptur vielfach abgewandelt. Den Rotwein dazu mussten sie importieren oder Weißwein aus dem dank Napoleon und seinen Kriegen einverleibten Franken verwenden. Dabei hätte das gute dunkle Bier doch so nahe gelegen. Hier ist es nun, das Böfflabier:

Achtung! Das Fleisch muss drei Tage lang eingelegt werden.

Die Zutaten für die Marinade zusammen kurz aufkochen und dann abkühlen lassen. Das Fleisch darin einlegen und drei Tage im Kühlschrank kalt stellen. Das Fleisch sollte ganz bedeckt sein. Eventuell muss man es ein-, zweimal wenden.
Fleisch herausnehmen und trocken tupfen. Die Marinade durch ein Sieb abgießen und auffangen. Etwa die Hälfte davon mindestens auf ein Drittel einkochen.

Suppengrün und Zwiebel putzen bzw. schälen und alles halbieren.
Öl in einem großen Bräter (da muss später das ganze Fleisch reinpassen) erhitzen. Das Fleisch darin von allen Seiten gut anbraten und wieder herausnehmen. Im Bräter Puderzucker leicht karamellisieren, Tomatenmark anschwitzen. Das Gemüse darin andünsten und mit der reduzierten Marinade aufgießen. Nochmals um die Hälfte reduzieren. Die Ge-

Für 4 Personen:

Für die Marinade:
800 ml dunkles bayerisches Bier
100 ml Bieressig (alternativ auch Weinessig)
4–6 angedrückte Wacholderbeeren
2–3 Lorbeerblätter

1–2 kg Rindfleisch (flache Schulter)

Für die Sauce:
1 Bund Suppengrün (Lauch, Möhre, Sellerie)
1 Zwiebel
Öl
2–3 EL Puderzucker
1 EL Tomatenmark
Salz, Pfeffer
1 TL Kümmel
1 Zweig Thymian
2–4 EL Crème fraîche

würze dazu, das Fleisch wieder hineinlegen, mit der restlichen Marinade aufgießen und kurz aufkochen.

Deckel drauf und in den auf 160–180 °C vorgeheizten Ofen stellen. Den Deckel leicht öffnen, damit Flüssigkeit verdampfen kann. 2½–3 Stunden garen.

Das Fleisch herausnehmen, auf einer vorgewärmten Platte mit Alufolie bedecken und bei 50–60 °C Restwärme im ausgeschalteten Ofen ruhen lassen.

Die Sauce durch ein engmaschiges Sieb in einen Topf gießen. Das Gemüse nur leicht ausdrücken (nicht passieren). Sauce gegebenenfalls noch weiter einkochen. Wenn die Sauce aufhört zu kochen, die Crème fraîche einrühren.

Das Fleisch in dünne Scheiben schneiden, auf der Platte anrichten und mit der Sauce übergießen.

Dazu passen Reiberdatschi und Blaukraut (beides s. Beilagen S. 152 und 158).

Tipp: Dieser Sonntagsbraten war im Süden Deutschlands die Krönung der Woche. Genauso wichtig wie das Fleisch waren dabei immer auch die Beilagen, in unserem Fall die Reiberdatschi und die Sauce. Andere empfehlen Semmel- oder Kartoffelknödel, Salzkartoffeln oder gar Nudeln zum Böfflamott, aber das Beste, meinen wir, sind einfach die Kartoffelpuffer. Früher hat man dazu die frisch geriebenen Kartoffeln in einem Leinentuch ausgepresst. Früher war auch die Zukunft besser, meinte Karl Valentin. Heute machen wir es uns einfacher mit fertigem fränkischen Kloßteig.

Schwäbischer Rinderbraten

Von Stuttgart bis Ravensburg zu Recht beliebt. Dauert ein bisschen, aber das Warten lohnt sich.

Das Rindfleisch mit Pfeffer einreiben. Das Gemüse putzen, waschen und nicht zu klein schneiden. Alles mit den Nelken in eine Schüssel geben und mit Bier übergießen. Zugedeckt 2 Tage ziehen lassen und dabei mehrmals wenden.

Das Fleisch aus der Beize nehmen, trocken tupfen und in einen Bräter legen. Das Butterschmalz heiß machen und darübergießen. Salzen und zugedeckt im vorgeheizten Backofen (220 °C) 1 Stunde schmoren.

Das Gemüse dazugeben. Einen Teil der Beize durchsieben und ebenfalls zugeben. Noch 1 Stunde garen.

Fleisch und Gemüse aus dem Bratenfond nehmen und warm stellen. Die restliche Beize und die Fleischbrühe in den Fond gießen und aufkochen lassen. Mit Salz, Pfeffer und Zucker abschmecken und etwas einkochen lassen. Zum Schluss die saure Sahne unterrühren.

Dazu passen Bandnudeln.

Für 4 Personen:

1½ kg Rindfleisch aus der Keule
Pfeffer
450 g Möhren
300 g Petersilienwurzeln
2 Zwiebeln
3 Nelken
500 ml dunkles Bier
50 g Butterschmalz
250 ml Fleischbrühe
Salz, Pfeffer, Zucker
5 EL saure Sahne

Rinderschmorbrust

Ein bayerischer Klassiker.

Die Rinderbrust im heißen Butterschmalz von allen Seiten bei starker Hitze anbraten.
Das geschnittene Gemüse dazugeben und ebenfalls anbraten. Dann das Bier hinzufügen und alles zugedeckt bei schwacher Hitze etwa 90 Minuten schmoren lassen.
Am Ende der Garzeit das Fleisch herausnehmen, in Alufolie wickeln und warm stellen.
Das Gemüse im Biersud mit dem Pürierstab pürieren. Mit Salz, Pfeffer und Muskat abschmecken und noch einmal aufkochen lassen. Die Petersilie hacken und unter die Sauce rühren.

Dazu passen Serviettenknödel.

Für 4 Personen:

1 ½ kg Rinderbrust ohne Knochen
Butterschmalz zum Braten
200 g Möhren
200 g Knollensellerie
150 g Petersilienwurzel
750 ml Bier
Salz, Pfeffer
Muskatnuss
10 Stängel Petersilie

Guinness-Pie

Ein Tipp von unserem Freund Roy Thompson. Der ist zwar aus Nordengland, singt aber tolle irische Lieder und kocht sehr gute irische Gerichte.

Für den Teig Mehl, Salz, Butter, Ei und Wasser rasch verkneten. In Frischhaltefolie wickeln und mindestens 1 Stunde kalt stellen.
Für die Füllung das Mehl mit dem Salz und dem schwarzen Pfeffer in eine Schüssel geben. Das Fleisch in Würfel schneiden und im Mehl wälzen, bis die Würfel gleichmäßig mit Mehl bedeckt sind.

Die Butter und das Öl in einer Kasserolle erhitzen. Das Fleisch zugeben und 1 Minute anbraten, dann mit einem Schaumlöffel herausnehmen.
Die gehackten Zwiebeln und Möhren in die Pfanne geben und etwa 2 Minuten anbraten. Dann das Fleisch wieder dazugeben und mit der Worcestersauce, dem Tomatenpüree, dem Bier, dem Rinderfond und dem Zucker würzen. Reichlich schwarzen Pfeffer darüber mahlen und eine Prise Salz hinzufügen. Umrühren und aufkochen lassen.
Dann die Hitze reduzieren, den Topf abdecken und alles langsam etwa 2 Stunden köcheln lassen, bis das Fleisch zart und die Sauce sämig ist. Vom Ofen nehmen, in eine Auflaufform füllen und abkühlen lassen.

Den Teig aus dem Kühlschrank nehmen und 3 mm dick ausrollen. Vom ausgerollten Teig einen 2 cm breiten Streifen abschneiden. Den

Für 4 Personen:

Für den Teig:
200 g Mehl
1 Prise Salz
110 g Butter
1 Ei
2–3 TL sehr kaltes
  Wasser

Für die Füllung:
25 g Mehl
Salz, schwarzer Pfeffer
900 g Rindersteak
20 g Butter
1 TL Öl
2 große Zwiebeln
200 g Möhren
2 TL Worcestersauce
2 TL pürierte Tomaten
500 ml Guinness
300 ml Rinderfond
2 TL Zucker

1 Ei

Rand der Auflaufform mit Wasser bestreichen und den Teigstreifen daran festpressen.
Den restlichen Teig so schneiden, dass er etwa 2,5 cm größer ist als die Form. Einen Pie-Trichter in die Mitte setzen. Durch ihn entweicht beim Backen Dampf. Dadurch sinkt der Teig nicht in die Füllung und bleibt knusprig.
Die Teigplatte andrücken und überstehenden Teig abschneiden. Wer mag, kann daraus Verzierungen für den Pie machen. Das Ei verquirlen und damit die Teigplatte bestreichen. In den vorgeheizten Ofen geben (200 °C) und 30–35 Minuten backen.

Tipp: Einen Pie-Trichter (englisch: pie funnel) wird nicht jeder zu Hause haben. Ein guter Ersatz ist ein Eierbecher aus Keramik, den man umgedreht in den Pie setzt.

Asia-Roastbeef

Ein britisch-chinesischer Dialog – Bier mögen beide.

Knoblauch und Ingwer fein hacken, in einer Schüssel mit den anderen Zutaten der Marinade vermischen. Das Fleisch einlegen und wenden, damit es die Marinade von allen Seiten gut annimmt. Für 1 Stunde zugedeckt in den Kühlschrank stellen. In dieser Zeit das Fleisch ein- bis zweimal in der Marinade wenden.

Das Fleisch aus der Marinade nehmen. In einer Pfanne von allen Seiten je 2–3 Minuten scharf anbraten. Dann auf ein leicht geöltes Blech legen und im vorgeheizten Ofen (250 °C) etwa 15 Minuten braten (englisch: 1–2 Minuten weniger, medium: 1–2 Minuten mehr).
Das Fleisch aus dem Ofen nehmen, in Alufolie einwickeln und 15–20 Minuten ruhen lassen.

Inzwischen das Dressing zubereiten: Frühlingszwiebeln sauber putzen und in dünne Ringe schneiden. Den geschälten Ingwer in ganz feine Streifen schneiden. Koriander waschen und hacken. Alles mit den Flüssigkeiten fürs Dressing vermischen.

Das Fleisch in dünne Scheiben schneiden, auf einer Platte anrichten und mit dem Dressing übergießen.

Für 4 Personen:

Für die Marinade:
1 Knoblauchzehe
1 Stück frischer Ingwer (etwa doppelt so groß wie die Knoblauchzehe)
100 ml Schwarzbier oder Irish Stout
20 g brauner Zucker
1 Prise Salz
2 EL Sojasauce
1 EL Sesamöl

800 g Rinderfilet

Für das Dressing:
2 Frühlingszwiebeln
1 Stück Ingwer (wie für die Marinade)
1 kleiner Bund Koriandergrün
3 EL Schwarzbier oder Irish Stout
1 EL Sojasauce
1 EL Reisessig
2 EL Olivenöl

> **Tipp:** Das Roastbeef kann so hervorragend Bestandteil eines mehrgängigen chinesischen Menüs sein. Es eignet sich auch für einen bunten Salat – da hat man schon das Dressing (eventuell davon ein klein bisschen mehr machen). Man kann auch zur britischen Seite hin tendieren und serviert dazu Yorkshire Pudding (s. Beilagen S. 156). Dann wird der heiße Ofen gleich weiter verwendet.

Ochse in Bier

»Blöder Ochse« sagt man nach dem Genuss dieses Gerichts nie mehr!

Das Fleisch viermal der Länge nach bis zur Mitte einschneiden und pfeffern.
Senf, gehackte Kräuter, Semmelbrösel, Salz und Pfeffer verrühren und in die Einschnitte streichen. Darüber je eine Scheibe Speck mit Küchengarn festbinden.
Das Fleisch im Öl von allen Seiten kräftig anbraten. Salzen und mit 250 ml Bier ablöschen. Dann etwa 1½ Stunden im geschlossenen Topf bei mittlerer Hitze schmoren lassen. Nach und nach das restliche Bier zugeben.
Das Gemüse und die Pilze waschen, putzen und schneiden. Alles bis auf die Pilze zum Fleisch geben und 30 Minuten mitschmoren lassen. Die Pilze erst in den letzten 15 Minuten mitgaren.
Den Bratenfond und etwas von dem Gemüse durch ein Sieb passieren. Mit Sahne, Salz und Pfeffer abschmecken.

Dazu, ganz einfach, Weißbrot.

Für 4 Personen:

1 kg Ochsenfleisch (aus dem Bug, ohne Knochen)
Pfeffer
2 EL scharfer Senf
3 Stängel Petersilie
3 Stängel Dill
½ Bund Schnittlauch
1 EL Semmelbrösel
Salz
4 Scheiben durchwachsener Speck
Öl zum Braten
Salz
500 ml dunkles Bier
250 g Lauch
250 g Möhren
300 g Sellerieknolle
2 Zwiebeln
250 g Champignons
3 EL Sahne

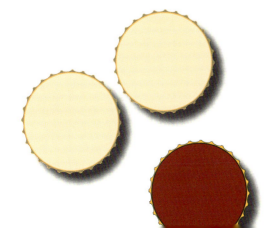

Schwein

Schmorbraten aus der Eifel

Von dem hat uns eine Studienkollegin immer vorgeschwärmt – gemacht hat sie ihn nie. Deswegen sind wir selbst zur Tat geschritten.

Das Fleisch mit Salz einreiben. Die Zwiebeln schälen und in Ringe schneiden. Beides zusammen mit dem Lorbeer und dem Piment in einen Bräter geben.

Den Essig und das Bier mischen, den Honig einrühren. Das Fleisch zur Hälfte damit bedecken. Deckel auf den Topf und in den vorgeheizten Backofen (180 °C) damit. Etwa 1 Stunde darin schmoren lassen.

Wenn das Fleisch weich ist, aus dem Bräter nehmen und warm stellen.

Den Bräter mit einem Backpinsel ausstreichen und den entstehenden Bratenfond mit der restlichen Essig-Bier-Mischung aufgießen. Alles aufkochen.

Danach die Sauce durch ein Sieb passieren und einkochen lassen. Bei Bedarf Mehl unterrühren und die Sauce damit binden.

Dazu passen Kartoffeln oder fränkische Klöße.

Für 4 Personen:

1 kg Schweinenacken (ohne Knochen)
Salz
4 Zwiebeln
1 Lorbeerblatt
4 Pimentkörner
5 EL Weinessig
500 ml dunkles Bier
5 EL Honig
evtl. ½ EL Mehl

Bierfleisch

Noch ein bayerischer Klassiker, der ganz einfach geht, diesmal mit Schweinefleisch.

Das Fleisch in Würfel schneiden. Die Kräuter von den Stängeln streifen und fein hacken. Fleisch salzen, pfeffern und mit den Kräutern einreiben. Etwa 30 Minuten marinieren.

Die Zwiebeln schälen und vierteln. Butterschmalz in einem Topf erhitzen. Erst die Zwiebeln und dann die Fleischwürfel darin anbraten. Den Kümmel dazugeben und das Ganze mit 250 ml Bier aufgießen. Den Deckel auf den Topf und das Fleisch bei mittlerer Hitze etwa 30 Minuten schmoren lassen.

Das Schwarzbrot zerbröseln und mit dem restlichen Bier kurz vor Ende der Garzeit dazugeben.

Dazu passt Kartoffelpüree.

Für 4 Personen:

500 g Schweinefleisch aus der Nuss
3 Stängel Majoran
3 Stängel Thymian
2 Stängel Rosmarin
Salz, Pfeffer
2 Zwiebeln
Butterschmalz zum Braten
1 EL Kümmel
500 ml Bier
2 Scheiben Schwarzbrot

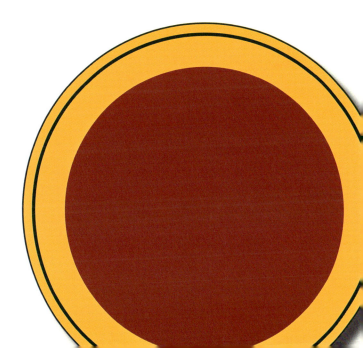

Knusprige Schweinshaxe

Bayern pur! Mit vielen Fans in ganz Deutschland.

Haxe gründlich waschen, gut abtrocknen. Haut einritzen (der Bayer macht's in Rautenform). Knoblauch pressen, Kräuter ganz fein hacken.
Die Haxe salzen, pfeffern und mit dem Knoblauch, den Kräutern und dem Kümmel einreiben.
In einem Bräter von allen Seiten gut anbraten, dann mit der Hälfte des Bieres ablöschen und in den auf 180 ℃ vorgeheizten Ofen stellen. 2–2½ Stunden braten, dabei immer wieder mit Biersud übergießen oder einpinseln, nach und nach den Rest vom Bier aufgießen (bei Bedarf noch eine Flasche Bier öffnen).

Dazu kann's eigentlich nur Sauerkraut und Semmelknödel geben.

Für 4 Personen:

1 Schweinshaxe (ca. 1½ kg)
2 Knoblauchzehen
1 Stängel Rosmarin
1 Stängel Thymian oder Majoran (oder 1 TL gerebelt)
Salz, Pfeffer
1 TL Kümmel
500 ml Bier (Hell, Lager oder Export)

Die Eisbein-Variante

Die Haxe waschen, einschneiden und in Salzwasser mit 300 ml Bier, Lorbeerblättern und 3 geschälten Zwiebelhälften etwa 1 Stunde vorkochen. Den Schaum, der sich am Anfang bildet, abschöpfen.

Währenddessen die restliche halbe Zwiebel würfeln und in einem großen Topf in Öl andünsten. Das Kraut und den in Stücke geschnittenen Apfel dazugeben, eine Prise Zucker und eine Prise Salz einstreuen und mit 200 ml Bier aufgießen. Bei geringer Hitze garen.

Die Haxe nach 1 Stunde aus dem Kochsud nehmen und aufs Kraut legen. Einen Schöpflöffel vom Sud dazu und nochmals etwa 1 Stunde garen.

Den Schweinstopf kann man jetzt für die Kartoffeln verwenden. Allerdings nicht den Sud nehmen, sondern die geschälten Kartoffeln in frischem Salzwasser kochen.

Die Haxe ist fertig, wenn sich das Fleisch leicht vom Knochen lösen lässt. Das macht man dann auch, zerteilt das Fleisch, legt es zurück ins Kraut und serviert das Ganze mit den Pellkartoffeln.

Variante: Das Fleisch in einem feuerfesten Topf die letzte Stunde offen in den auf 180 °C vorgeheizten Ofen stellen.

Für 4 Personen:

1 Schweinshaxe (ca. 1½ kg)
Salz
500 ml Pils
2 Lorbeerblätter
2 Zwiebeln
Öl
800 g Sauerkraut
½ Apfel
1 Prise Zucker
800 g Kartoffeln

Böhmisches Bierfleisch

Böhmisches Bierfleisch wird original immer mit Pilsner Bier zubereitet, aber man kann auch jedes andere herbe Bier verwenden.

Das Schweinefleisch in Würfel schneiden und im Paprikapulver rollen. Die Zwiebeln fein hacken und im Schweineschmalz knusprig braun braten. Das Schweinefleisch zugeben und etwa 5 Minuten mitrösten. Dann den Kümmel und die Hälfte des Bieres hinzufügen. Alles bei niedriger Hitze und geschlossenem Deckel 45 Minuten köcheln lassen. Dann das geriebene Schwarzbrot und das restliche Bier zugeben und alles weitere 15–20 Minuten köcheln. Wenn die Sauce dick und braun und das Fleisch ganz weich ist, mit Salz und Pfeffer würzen.

Dazu passen Salzkartoffeln, Kartoffelpüree oder Bandnudeln.

Für 4 Personen:

600 g Schweinefleisch (am besten aus der Schulter)
1 EL Paprikapulver (edelsüß)
300 g Zwiebeln
100 g Schweineschmalz
1 gehäufter TL Kümmel
500 ml helles Bier
3 gehäufte EL geriebenes Schwarzbrot
Salz, schwarzer Pfeffer

Böhmischer Schweinebraten

Böhmisch zum Zweiten: Bier mag Schwein – und hier auch Knoblauch. Das ansonsten ganz puristische Rezept verriet uns Metzgermeister Erich Kolb.

Das Fleisch waschen und trocken tupfen. Salz, Pfeffer und Kümmel vermischen, die Knoblauchzehen schälen, durchdrücken und dazugeben. Das Fleisch mit dieser Mischung einreiben. Das Öl in einem Bräter erhitzen und das Fleisch darin von allen Seiten kräftig anbraten. Mit Brühe aufgießen.

Den offenen Bräter in den vorgeheizten Backofen geben (190 °C) und das Fleisch etwa 1 Stunde braten. Mehrmals mit dem Bratensaft übergießen.

Den Braten aus dem Bräter nehmen und die Schwarte rautenförmig einschneiden. Den Braten mit der Schwarte nach oben zurück in den Bräter legen und nochmals etwa 45 Minuten braten. In den letzten 20 Minuten mehrmals mit dem Bier bestreichen.

Nach Ende der Bratzeit den Ofen ausschalten und den Braten darin noch etwa 15 Minuten ruhen lassen.

Dazu passen Kartoffelklöße.

Für 4 Personen:

1 kg Schweineschulter mit Schwarte
Salz, Pfeffer
½ TL Kümmel
4 Knoblauchzehen
Öl zum Anbraten
500 ml Fleischbrühe
250 ml helles Bier

Szegediner Gulasch

Für dieses ungarische Krautfleisch kann man Rinder-, Schweine- oder gemischtes Gulasch verwenden. Wir entscheiden uns für Schweinefleisch.

Das Fleisch in mundgerechte Stücke würfeln. Die Zwiebeln in Ringe schneiden, diese noch einmal halbieren oder vierteln. Den Knoblauch grob hacken. Den Speck in einem großen, flachen Topf auslassen und dann wieder herausnehmen.

Das Fleisch darin von allen Seiten gut anbraten (wenn der Topf zu klein ist, in mehreren Etappen). Zwiebeln und Knoblauch mit andünsten und Tomatenmark anschwitzen. Salzen, Paprikapulver darüberstreuen, gut durchmischen und mit Bier aufgießen.

Im zugedeckten Topf etwa 1 Stunde schmoren. In dieser Zeit den ausgelassenen Speck fein würfeln und zugeben. Dann Kraut und Kümmel dazu, gut durchrühren und nochmals 30 Minuten garen. Den Herd abschalten. Wenn das Gulasch aufgehört hat zu kochen, die Sahne unterrühren, gegebenenfalls mit Salz und Paprika abschmecken.

Dazu passen am besten Kartoffeln.

Für 4 Personen:

800 g Schweinefleisch
  (Schulter)
400 g Zwiebeln
2–3 Knoblauchzehen
100 g Schweinespeck
1 EL Tomatenmark
Salz
2 EL Paprikapulver
  (edelsüß)
2 EL Paprikapulver
  (rosenscharf)
400 ml Schwarzbier
500 g Sauerkraut
1 TL Kümmel
200 ml saure Sahne

Wurst, Schinken, Hackfleisch

Bratwurst Berlin

Dass Bratwurst auch mit Sauce gut schmeckt, beweisen die Berliner mit diesem Rezept.

Die Bratwürste in heißem Butterschmalz rundum goldbraun braten. Herausnehmen und warm stellen.
Das Schwarzbier in die Pfanne geben und mit einem Backpinsel den Bratsatz lösen.
Die Lebkuchen reiben. Die Zwiebel sehr fein schneiden. Beides zum Bier geben. Etwa 10 Minuten bei mittlerer Hitze einkochen lassen. Mit Salz, Pfeffer, Zitronensaft und Zucker abschmecken.
Die Bratwürste in die Sauce geben und heiß werden lassen.

Dazu passt Kartoffelpüree.

Für 4 Personen:

4 große Bratwürste
Butterschmalz zum Braten
125 ml Schwarzbier
50 g Lebkuchen oder Saucenbrot
1 Zwiebel
Salz, Pfeffer
Saft von ½ Zitrone
Zucker

Lauchauflauf

Den Speck in 1 cm dicke Stifte schneiden und in einer Pfanne auslassen. Mit dem Fett eine Auflaufform ausstreichen.

Die Kartoffeln schälen und in 1 cm dicke Scheiben schneiden. Lauch putzen und in 1–2 cm dicke Ringe schneiden. Die gefettete Form mit einer Schicht Kartoffeln auslegen, Lauch und Speckstifte drüber und wieder eine Schicht Kartoffeln. Pfeffern und salzen sollte wegen des Specks und des Käses eigentlich nicht nötig sein. Käse reiben und darüberstreuen.

Sahne und Bier vermischen, über den Auflauf gießen und 20–30 Minuten in den auf 200 °C vorgeheizten Ofen stellen. Eventuell am Ende auf Oberhitze schalten, wenn der Käse noch etwas Farbe annehmen soll.

Für 4 Personen:

200 g Schinkenspeck (durchwachsen)
400 g Kartoffeln (festkochend)
2–3 Stangen Lauch (Porree)
Pfeffer, evtl. 1 Prise Salz
150 g Bergkäse
100 ml saure Sahne
150 ml Braunbier

Tipp: Den Auflauf kann man auch mit einer Bierchamelsauce (s. Basics S. 39) machen. Dann nimmt man weniger Käse und lässt im Auflaufrezept natürlich Sahne und Bier weg.

Schinken in Bierteig

Der wird im *Lupinenhof* im fränkischen Seenland von Seniorchefin Johanna Schwab zum Spargelsalat gereicht.

Mehl mit den Eigelben, Öl, Bier und Salz zu einem leicht flüssigen, glatten Teig verrühren. Diesen anschließend bei Zimmertemperatur 30 Minuten ruhen lassen.
Die Eiweiße zu Eischnee schlagen und unterheben. Die Schinkenscheiben in den Teig tauchen und wenden, sodass beide Seiten von Teig bedeckt sind. Butterschmalz heiß machen und den Schinken darin goldbraun ausbacken.

Dazu passen Salzkartoffeln.

Für 4 Personen:

Für den Bierteig:
200 g Mehl
2 Eigelb
3 EL Öl
¼ l dunkles Bier
1 Prise Salz
2 Eiweiß
4 Scheiben gekochter Schinken (ca. 2–3 mm dick)
Butterschmalz zum Ausbacken

AZ - Anjas Zucchini

Nichte Anja war von unserer Bierkocherei so angetan, dass sie in ihrer Studentenküche mit Freunden gleich selbst experimentiert hat. Das Ergebnis erinnert stark an die Art, wie wir zu Studentenzeiten auch gerne gekocht haben: günstig, aber gut, und dazu noch mit gesundem Gemüse. – Nur auf die Idee mit dem Bier im Essen waren wir damals nicht gekommen.

Reis bissfest kochen und beiseite stellen.
Die Zucchini waschen und würfeln, Champignons putzen und vierteln. Tomaten schälen oder auch nicht und würfeln, nur das feste Fleisch verwenden. Den Schinken ebenfalls würfeln.
Erst die Zucchini, dann die Pilze in einer großen Pfanne oder einem Topf in Olivenöl anbraten, Tomaten und Schinken zugeben, 1–2 Minuten mit anschwitzen, und dann den Reis dazu. Mit Salz, Pfeffer und Rosmarin würzen und mit Bier aufgießen. Durchrühren und 15–20 Minuten köcheln lassen. In dieser Zeit Chilis in grobe Stücke schneiden (damit die, denen es zu scharf ist, sie beim Essen besser erkennen und entfernen können) und dazugeben.

Für 4 Personen:

250 g Reis
1–2 Zucchini
150 g Champignons
2–3 Tomaten
200 g gekochter Schinken.
1–2 EL Olivenöl
Salz, Pfeffer
1 Prise Rosmarin
150–200 ml Rauchbier
1–2 mittelscharfe Chilischoten

Tipp: Weil Anja gerade vom Bamberg-Besuch kam, hat sie ein Rauchbier verwendet. Das Gericht funktioniert aber auch mit Kellerbier, Lager, Alt oder Schwarzbier.

Bohnakern mit Rauchfleisch

Das macht den Franken so richtig satt. Und dazu gibt's ein würziges fränkisches Bier.

Die Bohnen gut waschen und über Nacht im Bier einweichen.

Bohnen im Bier aufsetzen und langsam zum Kochen bringen, gegebenenfalls den Schaum abschöpfen. Pfeffer, Nelken, Wacholderbeeren und Lorbeerblatt dazugeben und alles gut 1 Stunde köcheln lassen.

Das Rauchfleisch in 1–2 cm dicke Stifte schneiden und in einer heißen Pfanne auslassen. Zwiebel in feine Würfel schneiden und mit anbraten. Mit etwas Bohnensud ablöschen, alles zusammen zu den Bohnen geben und weitere 1½–2 Stunden köcheln.

Butter in der Pfanne zerlassen, das Mehl dazugeben und etwa 5 Minuten eine leicht braune Mehlschwitze anrühren. Dann mit etwas Bohnensud ablöschen. Schließlich die Mehlschwitze in den Topf oder die Bohnen in die Pfanne geben und gut verrühren. Mit Salz, Zucker und einem Schuss Essig abschmecken.

In Franken gibt's dazu grüne Klöße (rohe Kartoffelklöße). Bratkartoffeln oder ein kräftiges Bauernbrot passen aber auch dazu.

Für 4 Personen:

400 g getrocknete Feuer- oder Wachtelbohnen (große weiße Bohnen gehen auch)
1–1½ l Kellerbier (Zwickel) oder Lager
1 TL Pfeffer
2 Nelken
4 Wacholderbeeren
1 Lorbeerblatt
600 g geräucherter Schweinebauch
1 Zwiebel
2 EL Butter
2 EL Mehl
1 Prise Salz
1 Prise Zucker
1–2 EL Bier-, Apfel- oder Weinessig

Tipp: Hülsenfrüchte im Einweichwasser oder in frischem Wasser kochen? An dieser Frage scheiden sich die Geister. Blähungen riskieren oder wertvolle Inhaltsstoffe wegkippen? Wir wollen hier neutral bleiben, aber im Falle von Einweichbier entscheiden wir uns klar fürs Mitkochen.

Spaghetti Bocklognese

Nicht nur fürs Wortspiel: Hier braucht's wirklich ein kräftiges Bockbier.

Fleisch in reichlich Olivenöl in einer hohen Pfanne oder einem Topf anbraten, möglichst feinkörnig zerteilen. Zwiebel und Knoblauch fein hacken und dazugeben. Gut durchmischen. Am Pfannenboden etwas Platz schaffen. Das Tomatenmark in der zurücklaufenden Bratflüssigkeit etwa 1 Minute anschwitzen, dann mit dem Bier ablöschen. Salzen, pfeffern und die ganze Masse gut vermischen. Rosmarinblätter fein hacken, zusammen mit dem Oregano ab in die Pfanne bzw. den Topf, pürierte Tomaten drüber und alles gut durchmischen. Das Ganze soll mindestens 30 Minuten, darf aber gerne auch 1 ganze Stunde mit Deckel drauf leicht köcheln.
Spaghetti nach Packungsanleitung in Salzwasser (kein Öl!) kochen. Parmesan reiben.

Dazu passt ein grüner Blattsalat.

Für 4 Personen:

400 g gemischtes Hackfleisch
Olivenöl
1 Zwiebel
1 Knoblauchzehe
1 EL Tomatenmark (dreifach konzentriert)
150 ml dunkles Bockbier
Salz, Pfeffer
1 kleiner Zweig Rosmarin
2 EL Oregano (gerebelt)
1 Dose (425 ml) grob pürierte Tomaten
400–500 g Spaghetti
Parmesan

Tipp: Am besten machen sich grob pürierte Tomaten (Passata rustica). Wer nur ganze Tomaten oder Stücke zur Hand hat, kann mit dem Pürierstab nachhelfen. Natürlich kann man auch frische Tomaten nehmen. Aber so vollreif, wie sie sein sollen, kriegt man sie wirklich nur zur Hochsaison und in richtig heißen Sommern.

Lamm, Wild

Gebackenes Lamm

Hier wird der Bierteig mal mit Fleisch verwendet.

Mehl, Bier, Öl und Salz zu einem glatten Teig verrühren. Die Eiweiße steif schlagen und unterziehen.

Die Zwiebel mit den Nelken spicken, die Möhren schälen und in grobe Stücke schneiden, den Lauch waschen und ebenfalls grob schneiden. 2 l Wasser zum Kochen bringen. Die Zwiebel, das Gemüse und die Zitronenscheibe dazugeben. Alles salzen.

Das Fleisch in große Würfel schneiden und im Sud etwa 20 Minuten ziehen lassen. Dann herausnehmen und in einem Sieb abtropfen. Die noch warmen Fleischstücke in den Teig tauchen und im heißen Fett goldgelb frittieren. Herausnehmen und auf Küchenkrepp abtropfen lassen.

Dazu passt Kartoffelsalat.

Für 4 Personen:

Für den Teig:
150 g Mehl
250 ml Bier
1 EL Öl
Salz
2 Eiweiß

Für den Sud:
1 Zwiebel
10 Nelken
100 g Möhren
100 g Lauch
2 l Wasser
1 Zitronenscheibe
Salz

1½ kg Lammfleisch
(Schulter, Hals oder
Brust)
Öl zum Frittieren

Lammkeule mit Rosmarin

Ein Gericht aus Norddeutschland, das sich auch gut mit bayerischem Bier verträgt.

Knoblauch, Möhren und Sellerie schälen und würfeln. Die Tomaten vierteln, den Rosmarin hacken.
Die Lammkeule mit Rosmarin, Salz und Pfeffer einreiben. Das Öl in einem Bräter erhitzen und die Keule darin von allen Seiten anbraten. Das Gemüse dazugeben und kurz mitbraten.
Alles in den vorgeheizten Backofen (200 °C) geben und etwa 2 Stunden braten lassen. Mehrmals wenden. Wenn das Fleisch weich ist, den Braten aus dem Ofen nehmen und in Alufolie wickeln.
Den Bratenfond durch ein Sieb in einen Topf passieren, den Bräter mit einem Backpinsel ausstreichen und mit etwas Bier ausspülen. Das Ganze ebenfalls durch das Sieb gießen. Das restliche Bier und die Fleischbrühe dazugeben und einkochen lassen. Vom Herd nehmen und die Butter unterrühren. Die Kräuter hacken und hineinstreuen.

Dazu passen grüne Bohnen und Salzkartoffeln.

Für 4 Personen:

2 Knoblauchzehen
200 g Möhren
200 g Sellerieknolle
2 Tomaten
1 Rosmarinzweig
1 Lammkeule (ca. 3 kg)
Salz, Pfeffer
Öl zum Braten
125 ml Pils oder Münchner Helles
250 ml Fleischbrühe
30 g kalte Butter
4 Stängel Kerbel
4 Stängel Petersilie
4 Stängel Majoran

Wildschwein in Rauchbiersauce

Ist kein Rauchbier zur Hand, schmeckt der Schwarzkittel auch in Schwarzbier.

Das Fleisch waschen, trocken tupfen, mit Honig einreiben, salzen und pfeffern. Das Bier in eine Schüssel gießen. Kümmel, Wacholderbeeren und Lorbeerblätter hinein, Möhren und Zwiebeln in groben Stücken dazu und das Fleisch darin für mindestens 1 Tag abgedeckt im Kühlschrank marinieren. Wenn das Fleisch nicht ganz bedeckt ist, sollte es mehrfach gewendet werden.

Das Fleisch aus der Marinade heben und gut abtropfen lassen. Dann in Öl oder Schweineschmalz in einem Bräter kräftig von allen Seiten anbraten. Das Gemüse aus der Marinade dazugeben, mit etwa der Hälfte der Marinade aufgießen und alles stark einkochen.
Den Bräter in den auf 160 °C vorgeheizten Ofen stellen. Das Fleisch 2–3 Stunden schmoren, dabei immer wieder wenden und mit der restlichen Biermarinade übergießen.
Wenn das Fleisch mürbe ist, herausnehmen, in Alufolie einschlagen und in der Restwärme des ausgeschalteten Ofens ruhen lassen.
Den Bratensud mit dem Gemüse durch ein Sieb passieren. Nach Bedarf mit Saucenbinder abbinden, oder mit Bier verflüssigen. Die Sauce soll sämig sein. Mit Salz, Pfeffer und Honig abschmecken.

Für 4 Personen:

1–1½ kg Wildschweinkeule
3–4 EL Honig
Salz, Pfeffer
1 l Rauchbier
1 TL Kümmel
4 Wacholderbeeren
2 Lorbeerblätter
4 Möhren
2 Zwiebeln
Bratöl (oder Schweineschmalz)

Rehrücken

Frisches und zartes Rehfleisch braucht eigentlich nicht gebeizt zu werden. Das machte man früher, um den »Hautgout« von zu lange und zu warm abgehangenem Wild zu überdecken. Wir machen's trotzdem, denn das Bier gibt dem Tier das gewisse Extra.

Fleisch waschen, häuten und von Sehnen befreien.

Suppengrün putzen und würfeln, Zwiebel vierteln. Gemüse mit Wacholderbeeren und Lorbeerblättern in Wasser aufkochen. Mit Bier ablöschen. Die Beize ziehen und abkühlen lassen. Den Rehrücken in einem verschließbaren Behälter mit der Beize übergießen oder alles zusammen in einen fest verschließbaren Plastikbeutel (z. B. Gefrierbeutel) geben. Im Kühlschrank oder an einem kühlen Ort 1–2 Tage marinieren. Das Fleisch bzw. den Beutel mehrmals wenden.

Fleisch und Gemüse aus der Marinade nehmen. Marinade im Topf aufkochen und etwa auf die Hälfte reduzieren.

Den Rehrücken abtrocknen, mit Salz und Pfeffer einreiben und in einen Bräter legen. Das Gemüse dazugeben, den Rehrücken mit Speckstreifen belegen und mit einem Viertel der Marinade übergießen. Den offenen Bräter in den vorgeheizten Ofen (180–200 °C) schieben. Das Fleisch nach 15 und nach 30 Minuten jeweils mit einem weiteren Viertel der Marinade übergießen. Nach 40–45 Minuten ist der Braten fertig. Den Rehrücken herausnehmen, Speck entfernen, in Alufolie einschlagen

Für 4 Personen:

1½ kg Rehrücken
1 Bund Suppengrün
1 Zwiebel
4–6 Wacholderbeeren
2 Lorbeerblätter
250 ml Wasser
500 ml Altbier oder
    dunkler Bock
Salz, Pfeffer
150 g durchwachsener
    Speck (in dünnen
    Scheiben)
2–3 EL Schlagsahne

und ruhen lassen. Den gesamten Bratensatz mit der restlichen Marinade lösen und durch ein Sieb passieren. Den Speck klein geschnitten in die Sauce geben, mit Salz und Pfeffer abschmecken und mit Sahne verfeinern.
Das Fleisch von den Knochen lösen und in Scheiben schneiden.

Geflügel

Schwarzer Geier

Der Name wurde aus einer Bierlaune geboren. Dahinter steckt Hähnchenbrust auf Gemüsebett, in Schwarzbier geschmort.

Hähnchenbrüste waschen und trocken tupfen. Paprikapulver, Zimt, Salz und Pfeffer in einem Teller mischen und das Hähnchen darin von allen Seiten wälzen.
Öl in einer Pfanne erhitzen und die Hähnchenbrüste 3 Minuten von allen Seiten anbraten. Hitze abdrehen. Das Hähnchen aus der Pfanne nehmen und das Bier hineingießen. Mit einem Backpinsel die Bratrückstände mit dem Bier vermischen.
Möhren schälen und in Scheiben, Fenchel putzen und in kleine Stücke schneiden. Champignons putzen und vierteln. Zwiebel schälen, halbieren und in Scheiben schneiden.
Möhren und Fenchel in einen Bräter geben, salzen und mit dem Öl beträufeln. In den vorgeheizten Ofen geben (180 °C) und etwa 15 Minuten backen lassen. Dann die Pilze und die Zwiebel dazugeben, alles vermischen und die Hähnchenbrüste obenauf legen. Das Ganze mit dem Bier-Bratenfond übergießen und 20 Minuten backen. Wenn es zu trocken zu werden droht, einfach noch etwas Bier darübergießen.

Dazu passt Weißbrot.

Für 4 Personen:

4 Hähnchenbrüste
1 TL Paprikapulver
1 Prise Zimt
Salz, Pfeffer
Öl zum Braten
400 ml Schwarzbier
300 g Möhren
250 g Fenchel
300 g Champignons
1 Zwiebel
Salz
1 EL Öl

Märzen-Gockel

Kann man natürlich auch im April, Mai, Juni und allen anderen Monaten machen. Und auch mit anderem Bier wie z. B. einem kräftigen Export oder einem hellen Bockbier.

Das Hähnchen salzen und pfeffern und kurz in einem Bräter in heißem Olivenöl anbräunen lassen. Dann herausnehmen.
Zwiebel schälen und klein schneiden. In den Bräter geben und mit Puderzucker bestäuben. Möhren und Sellerie würfeln, die Champignons vierteln. Die Knoblauchzehen nicht schälen, nur andrücken und mit dem Gemüse hinzufügen.
Die Keulen wieder hineinlegen und alles mit dem Bier ablöschen. Die Kräuter hacken und darüberstreuen. Zudecken und im vorgeheizten Backofen (180 °C) etwa 35 Minuten schmoren.

Ofenkartoffeln passen gut dazu oder ganz einfach Baguette.

Für 4 Personen:

4 Hähnchenkeulen
Salz, Pfeffer
4 EL Olivenöl
1 Zwiebel
Puderzucker
200 g Möhren
200 g Knollensellerie
200 g Champignons
2 Knoblauchzehen
250 ml Märzenbier
3 Stängel Thymian
2 Stängel Rosmarin

Paprikahühnchen

Ein schnelles, leichtes Sommeressen, zu dem auch ein Bier im Glas gut schmeckt.

Die Paprika vierteln und entkernen. Zusammen mit dem ungeschälten Knoblauch im Olivenöl kurz anbraten. Mit dem Bier aufgießen und etwa 30 Minuten köcheln lassen.
Die Paprikaschoten herausnehmen und häuten. Wieder zum Bier geben und warm stellen. Die Hühnerkeulen auslösen, dabei die Haut nicht abziehen. In jeweils 3 Stücke schneiden. In einer ofenfesten Pfanne das Fleisch mit der Hautseite nach unten im Olivenöl scharf anbraten. Dann das Fleisch mit Salz und Pfeffer würzen, die Pfanne in den vorgeheizten Backofen geben (200 °C) und etwa 15 Minuten garen lassen.
Das Fleisch mit der Paprika auf Tellern anrichten. Mit dem Biersud und dem Fett aus der Bratpfanne übergießen.

Dazu passen Nudeln.

Für 4 Personen:

6 rote Paprikaschoten
2 Knoblauchzehen
4 EL Olivenöl
250 ml Bier
4 Hühnerkeulen
1 EL Olivenöl
Salz, Pfeffer

Tipp: So richtig fein wird es, wenn man die Haut von den Paprikaschoten zieht. Wenn's schnell gehen soll, kann man sie auch dran lassen.

Flaschen-Hähnchen

Zum ersten Mal haben wir das in einer Fernsehsendung über Polen gesehen. Als wir es ausprobiert haben, waren wir begeistert: Das Hähnchen wird sehr knusprig. Die Bierflasche sollte man vorher in Wasser einweichen, um das Etikett zu entfernen – und sie danach sehr gründlich waschen.

Das Hähnchen waschen und trocknen. Den Knoblauch schälen und hacken. Die Gewürze mit dem Knoblauch in einer Schale mischen. Das Hähnchen von außen kräftig mit der Gewürzmischung einreiben.

Den Rest der Gewürzmischung mit dem Olivenöl und dem Bier in die Flasche füllen. Den Hals des Hähnchens mit einem Rouladenspieß verschließen, dann auf die Bierflasche setzen.

Die Zwiebel schälen und grob schneiden, dann in eine Auflaufform geben, die Gemüsebrühe dazugießen.

Die Flasche mit dem Hähnchen in die Auflaufform stellen. Alles in den vorgeheizten Backofen (180 °C) auf die unterste Schiene geben. Etwa 60 Minuten backen.

Das Hähnchen von der Flasche nehmen und zerteilen. Die Zwiebeln und das Bratfett durch ein Sieb passieren, das ergibt eine Sauce.

Dazu passt Weißbrot.

Für 4 Personen:

1 Brathähnchen
  (ca. 1,2 kg)
3 Knoblauchzehen
2 TL Paprikapulver
  (scharf)
2 TL Paprikapulver
  (edelsüß)
1 TL Salz
½ TL Chilipulver
80 ml Olivenöl
100 ml helles Bier
1 Zwiebel
250 ml Gemüsebrühe

Tipp: Ein bisschen skeptisch waren wir vorher schon, was die Glasflasche betrifft. Aber durch die gleichmäßige Hitze scheint wohl keine Gefahr zu bestehen, dass sie platzt. Garantieren können wir das aber nicht!

Coq au Bock

Weil der Hahn im Original in Rotwein schwimmt, passt ein Bockbier am besten. Es darf aber auch ein kräftiges helles Export oder ein dunkles Bier sein.

Die Hähnchenteile waschen, trocken tupfen und an einigen Stellen die Haut einritzen.
Wer will, kann sofort weitermachen – besser ist es aber, das Hähnchen über Nacht zu marinieren. Dazu geputztes Gemüse, Gewürze und die Geflügelteile in eine Schüssel geben, mit Bier übergießen, abdecken und in den Kühlschrank stellen.
Am nächsten Tag über einem Sieb abgießen, die Marinade auffangen. Die Hähnchenteile herausnehmen, gut abtropfen lassen und in Mehl wenden.

Und jetzt kommen die beiden Variationen langsam wieder zusammen: Hähnchen in Olivenöl in einem feuerfesten Topf von allen Seiten gut anbraten und wieder herausnehmen. Das Gemüse im Topf anbraten und dabei das Tomatenmark anschwitzen. Hähnchen wieder hinzufügen. Wer nicht mariniert hat, gibt jetzt auch die Gewürze hinein.
Mit der Marinade bzw. dem Bier und mit Hühnerbrühe aufgießen. Kräftig aufkochen lassen. Den Topf für etwa 30 Minuten in den vorgeheizten Ofen (220 °C) stellen.
Dann herausnehmen und nach Bedarf Butter zum Abbinden in die Sauce rühren.

Dazu passt Kartoffelpüree oder einfach nur Weißbrot zum Tunken.

Für 4 Personen:

4–8 Hähnchenkeulen (oder 1–2 Hähnchen geviertelt, je nach Größe und Appetit)
200 g kleine Schalotten
200 g kleine Champignons
5–10 Knoblauchzehen
je ein TL Salz, Pfeffer, Zucker
2 Zweige Thymian oder Rosmarin
2 Lorbeerblätter
500–750 ml Bockbier
Mehl
Olivenöl
1 EL Tomatenmark
250 ml Hühnerbrühe
evtl. 10–20 g Butter

Hühnchen Marco Polo

Ein italienisch-chinesischer Brückenschlag.

Hühnchenbrust gründlich waschen, trocken tupfen, Sehnen, Fett und blutige Stellen entfernen. In 2–3 cm dicke Würfel oder Streifen schneiden und in eine Schüssel geben. Sambal Oelek, Sesamöl und Sojasauce dazugeben und gut vermischen.
Paprika putzen und würfeln.

Das Hühnchen in der Pfanne oder im Wok 3–5 Minuten von allen Seiten gut anbraten und wieder herausnehmen. Wenn nötig, noch etwas Öl in die Pfanne geben, die Paprikastücke 2–3 Minuten anbraten und ebenfalls wieder herausnehmen.
Das Hühnchen zurück in die heiße Pfanne und mit Bier aufgießen. Aufkochen lassen, Hitze reduzieren, Ketchup dazu, bei Bedarf mit Salz abschmecken und etwa 20 Minuten köcheln lassen. Zusammen mit den Paprikastücken servieren.

Dazu passen Ciabatta sowie Tomaten- und Gurkenschnitze.

Für 4 Personen:

800 g Hühnchenbrustfilet
1 EL Sambal Oelek
1 EL Sesamöl
1 EL Sojasauce
3 Paprikaschoten (grün, gelb und rot)
evtl. 2–3 EL Bratöl
200 ml Exportbier
2–3 EL Tomatenketchup
evtl. Salz

Weihnachtsgans

Die Gans waschen, trocken tupfen und loses Fett (etwa an der Bauchöffnung) entfernen. Außen und innen mit Salz und Pfeffer einreiben.

Äpfel achteln und entkernen, Zwiebeln schälen und ebenfalls achteln. Hiermit und mit je 2 Kräuterzweigen die Gans füllen. Die Bauchöffnung mit Küchengarn verschließen, die Flügel damit am Rücken festbinden. Die Haut unterhalb der Flügel und der Keulen mit einer Gabel einstechen, damit Fett auslaufen kann. Die Gans mit der Brust nach oben auf einen Rost legen. Die Fettpfanne des Backofens mit dem Bier befüllen. Möhren putzen und vierteln, mit den beiden übriggebliebenen Kräuterzweigen ins Bier geben. Die Fettpfanne auf der unteren Schiene einschieben und den Ofen auf 180 °C vorheizen.

Die Gans auf dem Rost über der Fettpfanne einschieben und 2½−3 Stunden braten, etwa alle 20 Minuten mit dem Bier-Fett-Gemisch aus der Pfanne übergießen oder bestreichen. Die Gans jede Stunde wenden. Kurz vor Ende der Garzeit die Temperatur auf 230−250 °C erhöhen, die Gans nicht mehr übergießen. Wenn die Haut schön braun ist, den Braten aus dem Ofen nehmen, warm stellen und ruhen lassen. Die Flüssigkeit aus der Fettpfanne durch ein Sieb in einen Topf geben. Je nach Wunsch Fett von der Oberfläche abschöpfen, Flüssigkeit zugeben oder die Möhren zum abbinden in die Sauce pürieren und bei Bedarf nachwürzen.

Die Gans zerteilen, Sauce getrennt servieren.

Für 4 Personen:

1 Gans (küchenfertig, ca. 4 kg)
Salz, Pfeffer
2 große Äpfel
2 Zwiebeln
3 Zweige Beifuß
3 Zweige Thymian
750 ml Festbier (oder Dunkles)
2−3 Möhren

Tipp: Wenn man die Gans nach dem Waschen für mehrere Stunden in Eiswasser einlegt, wird die Haut noch knuspriger.

Entenbrust in Altbiermantel

Ein bisschen aufwändig, aber die Mühe lohnt sich.

Die Zutaten für den Teig verkneten. Mit einem Tuch abdecken und etwa 15 Minuten an einem warmen Ort gehen lassen.

Die Entenbrüste von allen Seiten im Butterschmalz anbraten, pfeffern und salzen.

Den Teig noch einmal durchkneten und dann dünn ausrollen. 4 Rechtecke ausschneiden, die Entenbrüste darauflegen und in den Teig wickeln.

Die Enten-Päckchen mit etwas Wasser bestreichen und in den vorgeheizten Ofen geben (180 °C). 40 Minuten Goldbraun backen. Dann Ofen ausschalten und die Päckchen noch 5–10 Minuten in der Röhre ruhen lassen.

Die Pfanne, in der die Entenbrüste gebraten wurden, mit dem Backpinsel ausstreichen und mit der Fleischbrühe ausschwenken. Den Fond aufkochen, Pflaumenmus, Bier und Essig dazugeben. Mit Salz, Pfeffer und Cayennepfeffer abschmecken.

Die Enten-Päckchen in dicke Scheiben schneiden und mit der Sauce servieren.

Für 4 Personen:

Für den Teig:
200 g Vollkornmehl
300 g Roggenmehl
2 Päckchen Trockenhefe
2 TL Zucker
Salz
300 ml Altbier

Für die Füllung:
4 Entenbrüste
20 g Butterschmalz
Pfeffer, Salz

Für die Sauce:
100 ml Fleischbrühe
4 EL Pflaumenmus
3 EL Altbier
1 EL Balsamicoessig
Salz, Pfeffer
Cayennepfeffer

Chinesisches Biermenü

Bier ist ein hervorragender Begleiter zu chinesischem Essen und – ausgehend von der Gründung der deutschen Brauerei in Qingdao, zu Deutsch Tsingtao, im Jahr 1903 – in China zu einem weit verbreiteten Getränk geworden. In die traditionelle Küche hat es bisher aber keinen Eingang gefunden. Dabei wäre es naheliegend, wird doch auch die Allzweckwaffe der asiatischen Küche, die Sojasauce, gebraut. Wer beim folgenden Menüvorschlag nicht alles mit Bier zubereiten will, kann also ersatzweise eine kleinere Menge Sojasauce verwenden und zudem das Salz bzw. die Fisch- oder Austernsauce weglassen.

Für ein chinesisches Menü werden verschiedene Gerichte gekocht, die alle in die Mitte des Tisches gestellt werden. Jeder Gast bedient sich nach Belieben und legt die einzelnen Speisen nacheinander auf sein Reisschälchen, denn der Reis ist die Grundlage für dieses Menü. Für vier Personen bieten sich fünf Gerichte an. Vier wären eigentlich auch okay, aber in China gilt die Vier als eine Unglückszahl. Gekocht wird im Wok – am besten in einem schweren, gusseisernen – und mit einem hoch erhitzbaren Bratöl, z. B. Erdnussöl.

Und noch ein kleiner, aber wichtiger Tipp: Gute Vorbereitung ist beim Chinesischkochen das A und O. Alles, was sich schneiden oder marinieren lässt, vorher erledigen und für das jeweilige Gericht griffbereit platzieren, denn beim eigentlichen Kochen geht alles ganz schnell. Hilfreich ist es für weniger Versierte auch, einen zweiten Wok zu haben – und eventuell einen fleißigen Helfer, der das Gerät nach jedem Gericht schnell unter fließendem Wasser reinigt und trocknet.

Scharfes Hühnchen

Hühnchenfleisch in mundgerechte Stücke zerteilen, gut mit Sambal Oelek, Sesamöl und Pils vermischen und kühl stellen.
Getrocknete Shiitakepilze mit kochendem Wasser übergießen und 15-20 Minuten einweichen, dann abgießen und in einem Sieb abtropfen lassen. Die Pilze halbieren.
Bratöl im Wok stark erhitzen, bis es leicht zu rauchen anfängt. Hühnchen aus der Marinade nehmen und ins heiße Öl legen. Unter ständigem Rühren etwa 5 Minuten von allen Seiten gut anbraten. Dann die Pilze, die Cashewnüsse und die Marinade dazugeben, einen Schuss Sojasauce darüber, gut durchrühren und noch 4-5 Minuten bei reduzierter Hitze im Wok lassen. Alles in eine flache Schale füllen und das klein geschnittene Koriandergrün darüberstreuen.

Für 4 Personen:

600 g Hühnchenbrustfilet
1 EL Sambal Oelek
1 EL Sesamöl
150 ml Pils
Shiitakepilze (getrocknet 20 g oder frisch 150 g)
Bratöl
100 g ungesalzene Cashewnüsse
Sojasauce
1 Bund frisches Koriandergrün

Süß-saures Schweinefleisch

Schweinefleisch in stäbchen- und mundgerechte Würfel schneiden. Ananas abgießen und 100 ml vom Wasser auffangen. Fein zerriebene Chilis und einen Schuss Sojasauce in den Ananassaft geben und das Fleisch darin etwa 30 Minuten marinieren. Paprika in etwa 2 x 3 cm große Stücke zerteilen, die Gurken in etwa 1 cm dicke Scheiben schneiden.

Bratöl im Wok erhitzen, das Fleisch aus der Marinade nehmen und abtropfen lassen – die Marinade aber aufheben. Die Fleischstücke von allen Seiten etwa 2–3 Minuten anbraten. Dann den Zucker darüber, die Paprikastücke dazu und unter ständigem Rühren 2–3 Minuten weiterbraten. Mit Bier und Marinade ablöschen, Ananas, Gurken und Ketchup dazu. Gut durchrühren und aufkochen, bis sich die Flüssigkeit stark reduziert hat, mit Reisessig und eventuell noch etwas Sojasauce abschmecken.

Für 4 Personen:

500 g mageres Schweinefleisch
1 Dose leicht gezuckerte Ananasstücke (Abtropfgewicht ca. 300 g)
2–3 getrocknete Chilischoten
Sojasauce
1 grüne Paprika
3–4 mittelgroße Essiggurken
Bratöl
40 g brauner Zucker
100 ml Braunbier oder Märzen
2 EL Tomatenketchup
2 EL Reisessig

Tofu mit Frühlingszwiebeln

Tofu in 3-4 cm große, höchstens 1 cm dicke Stücke schneiden und in eine kleine Schüssel geben. Peperoni klein schneiden, etwas Ingwer fein reiben, beides darüberstreuen und mit dem Bier und der Sojasauce aufgießen, bis der Tofu bedeckt ist. 1-2 Stunden im Kühlschrank marinieren.

Frühlingszwiebeln putzen und den weißen Teil der Zwiebeln in 2-3 cm lange Stücke schneiden, einen Teil vom grünen ganz fein schneiden. Tofu aus der Marinade nehmen.

Etwas Bratöl im Wok erhitzen. Tofu und Zwiebelstücke im heißen Öl höchstens 1 Minute anbraten, mit einem Teil der Marinade ablöschen, dann sofort vom Herd nehmen und in eine flache Servierschüssel geben, klein geschnittene Zwiebeln darüberstreuen – und für die Schlusswürze noch 2 Esslöffel Sojasauce.

Für 4 Personen:

300 g schnittfester Tofu (geräuchert oder naturbelassen)
1-2 frische Peperoni
frischer Ingwer
200 ml Schwarzbier
100 ml Sojasauce
1 Bund Frühlingszwiebeln
Bratöl
2 EL Sojasauce zum Abschmecken

Gemüseplatte

Die Pilze gut waschen, mit kochendem Wasser übergießen und 20 Minuten einweichen. Danach abgießen, abtropfen lassen und große Pilze zerteilen. Den Chinakohl quer in etwa 5 cm breite Stücke schneiden und die Blattschichten dann etwas auseinanderzupfen. Die Möhren in ebenfalls etwa 5 cm lange, dünne Stifte schneiden. Die Knoblauchzehen schälen und längs halbieren. Den geschälten Ingwer in ganz feine Streifen schneiden.

Öl im Wok erhitzen. Nacheinander den Kohl, die Möhren, die Pilze, die Knoblauchzehen, den Ingwer und die Austernsauce in den heißen Wok geben und braten, bis der Kohl stark an Größe verloren hat, aber noch einigermaßen bissfest ist.
Die Flüssigkeit abgießen und das Gemüse mit dem Bier und dem Essig vermengen und auf einer Platte anrichten.

Für 4 Personen:

20 g getrocknete Baumohrenpilze (Mu-Err)
1 kleiner Chinakohl (ca. 500 g)
2 mittelgroße Möhren
10 Knoblauchzehen
frischer Ingwer (ca. 20 g)
Bratöl
2 EL Fisch- oder Austernsauce
100 ml Pils
1 EL Sherryessig

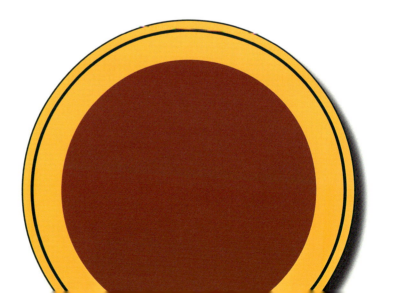

Tintenfisch

Kopf, Mund und Augen – soweit noch nicht geschehen – vom Tintenfisch entfernen. Die Tuben aufschneiden und den harten Schulp herausziehen. Tuben und Arme in stäbchen- und mundgerechte Stücke schneiden, in Bier und fein geraspeltem Ingwer eine halbe Stunde im Kühlschrank marinieren.

Paprika in dünne Streifen schneiden, von den Zuckerschoten die Enden entfernen – größere Zuckerschoten in maximal 5 cm große Stücke schneiden.

Den Tintenfisch aus der Marinade nehmen und gut abtrocknen.

Das Öl im Wok erhitzen. Den Tintenfisch darin etwa 2 Minuten anbraten und wieder herausnehmen. Die Hitze erhöhen und Zuckerschoten und Paprika anbraten. Nach etwa 2 Minuten die Hitze wieder reduzieren, den Tintenfisch und die Austernsauce dazugeben, mit 2-3 Esslöffeln der Ingwer-Bier-Marinade abschmecken und vom Herd nehmen.

Für 4 Personen:

300 g Tintenfisch (Kalmar)
100 ml herbes Pils
frischer Ingwer
1 rote Paprika
200 g Zuckerschoten
Bratöl
1 EL Austernsauce

Fisch

Fisch in Bierpanade

Kabeljau mag diesen Biermantel sehr, aber auch Karpfen.

Die gemahlenen Gewürze mit dem Mehl und der Stärke vermischen. Das Bier in eine separate Schüssel geben.

Das gewaschene und trocken getupfte Fischfilet in Stücke schneiden und salzen. Die Stücke in der Mehl-Gewürzmischung wenden, dann durchs Bier ziehen und wieder durchs Mehl, bis sie von allen Seiten paniert sind.

Öl oder Butterschmalz in einer tiefen Pfanne erhitzen. Die panierten Fischstücke darin von allen Seiten goldbraun ausbacken. Herausnehmen und auf Küchenpapier abtropfen lassen.

Vor dem Servieren mit Zitronensaft beträufeln.

Für 4 Personen:

Für die Panade:
½ EL Zimt
1 EL Kümmel
½ EL gemahlenes Piment
1 EL Wacholderbeeren
1 EL schwarzer Pfeffer
80 g Mehl
80 g Speisestärke
250 ml Bier (Export oder Lager)

Für den Fisch:
800 g Filet ohne Haut
Salz
Öl oder Butterschmalz
Zitronensaft

Tipp: Geeignet sind im Prinzip alle Sorten Fisch, bei festfleischigen wie Karpfen oder Wels die Stücke etwas kleiner schneiden.

Forelle Brauerin

Die Müllerin brät den Fisch, und die Brauerin macht ihn blau.

Wasser und Bier in einem großen, flachen Topf mit Suppengrün, halbierten Zwiebeln und den Gewürzen aufkochen und etwa 30 Minuten leicht köcheln lassen.
Die geschälten Kartoffeln aufsetzen und gar kochen. Danach das Wasser abgießen.
Die Fische vorsichtig mit Wasser abwaschen, innen salzen und in eine flache Form (z. B. Auflaufform oder Bräter) legen.
Essig erhitzen und heiß über die Forellen gießen.
Den Herd noch eine Stufe herunterdrehen und die Forellen vorsichtig in den Sud, der dann nicht mehr kochen sollte, legen. Den Essig dazugießen. Die Forellen 10–15 Minuten, je nach Größe, ziehen lassen.
Butter zerlassen.
Die Forellen mit einem Schaumlöffel aus dem Sud heben und auf vorgewärmte Teller verteilen. Kartoffeln dazu, zerlassene Butter und gehackte Petersilie über allem verteilen. Auch Sahnemeerrettich passt prima dazu.

Für 4 Personen:

2 l Wasser
1 l Pils
1 Bund Suppengrün
2 Zwiebeln
2 Lorbeerblätter
5 Wacholderbeeren
1 TL schwarze Pfefferkörner
800 g festkochende Kartoffeln
4 küchenfertige Forellen
Salz
100 ml Bieressig (zur Not auch Weinessig)
100 g Butter
1 Bund Petersilie
Sahnemeerrettich

Tipp: Die Fische nicht mit trockenen Händen anfassen, abtupfen oder gar schuppen, denn das könnte die Schleimschicht verletzen. Und die ist es, die die Forelle blau macht – nicht der Alkohol.

125

Rotbarsch in Biersauce mit Lauchnudeln

Hefeweißbier unterstreicht das feine Fischaroma.

Das Rotbarschfilet waschen und mit Küchenpapier trocken tupfen. Das Fischfilet in Stücke schneiden und mit Salz und Pfeffer würzen.
Das Bier, den Essig und den Fischfond in eine hohe Pfanne geben und einmal aufkochen. Anschließend Hitze reduzieren. Die Fischstücke in den Biersud hineinlegen und bei milder Hitze 5–6 Minuten darin ziehen lassen.
Die Lauchstangen putzen, in 10 cm breite Stücke schneiden und diese noch mal in Längsstreifen schneiden. Den Dill waschen und mit einem Küchenpapier trocken tupfen. Ein paar Dillzweige zum Garnieren beiseite legen. Den restlichen Dill ganz fein hacken.
Nudeln in kochendem Salzwasser garen. In den letzten 5 Minuten der verbleibenden Garzeit die Lauchstreifen mit in den Topf geben. Nach Ende der Garzeit das Nudel-Lauch-Gemisch in ein Sieb geben und gut abtropfen lassen. Die gegarten Fischstücke aus dem Biersud nehmen und warm stellen.
Für die Biersauce den Senf und die Sahne in den Biersud geben und noch mal aufkochen. Die Sauce 1 Minute köcheln lassen. Hitze abdrehen und den gehackten Dill dazugeben. Mit Salz, Pfeffer und Zucker abschmecken.

Den Fisch mit den Nudeln und der Sauce anrichten und mit den restlichen Dillzweigen garnieren.

Für 4 Personen:

750 g Rotbarschfilet
Salz
weißer Pfeffer
250 ml Hefeweißbier
3 EL Essig
150 ml Fischfond (Fertigprodukt)
2 Stangen Lauch (ca. 400 g)
1 Bund Dill
250 g Bandnudeln
150 g Schlagsahne
1 EL mittelscharfer Senf
1 Prise Zucker

Fisch auf Tomaten-Zwiebel-Bett

Bier mischt hier bei der Fischmarinade und beim Gemüsebett mit.

Den Fisch waschen und trocken tupfen. Tiefkühlfisch vorher auftauen lassen. In einer kleinen Schüssel Honig, Balsamico, Bier, Orangensaft und Olivenöl gut mischen. Mit Salz und Pfeffer abschmecken.

Mit einem Backpinsel das Fischfilet von beiden Seiten mit der Marinade bestreichen. Die Filets in einen tiefen Teller geben und die restliche Marinade darübergießen. Mindestens 30 Minuten ziehen lassen.

Die Zwiebeln halbieren und in Scheiben schneiden. Flach in eine Saftpfanne oder einen Bräter geben, mit Olivenöl bedecken und mit dem braunen Zucker bestreuen.

In den auf 200 °C vorgeheizten Backofen stellen. Nach 10 Minuten das Bier hineingießen.

Die Tomaten würfeln, die Oregano-Blätter von den Stängeln zupfen und grob hacken. Nach weiteren 5 Minuten zu den Zwiebeln geben, mit dem Orangensaft übergießen und mit Salz und Chili würzen. Zum Schluss die Fischfilets darauflegen und mit der Marinade, die noch im Teller ist, übergießen. Im Backofen 15–20 Minuten (je nach Dicke der Filets) garen.

Dazu passt Reis.

Für 4 Personen:

Für den Fisch:
4 Lachsfilets (oder andere festkochende Fischfilets wie Thunfisch oder Pangasius)
1 TL flüssiger Honig
½ TL Balsamicoessig
100 ml Bier
50 ml Orangensaft
1 TL Olivenöl
Salz, Pfeffer

Für das Tomaten-Zwiebelbett:
2 große Zwiebeln
Olivenöl
½ TL brauner Zucker
300 ml Bier
3 große Tomaten
5 Stängel frischer Oregano
50 ml Orangensaft
Salz
1 Prise gemahlene Chilischoten

Karpfen im Biersee

Karpfen Blau kennt jeder. Dieses traditionelle Rezept aus dem Frankenwald lässt den Teichbewohner mal in Bier schwimmen.

Karpfen in Stücke schneiden, mit Salz einreiben und etwa 30 Minuten ruhen lassen.
Eine Kasserolle buttern und die Karpfenstücke hineinlegen. Die Zwiebel schälen, in Ringe schneiden und mit den Gewürzen dazugeben. Bier zugießen, sodass der Fisch gerade bedeckt ist. Bei 180 °C im vorgeheizten Backofen auf der mittleren Schiene etwa 10–15 Minuten weich kochen.

Dazu passen Salzkartoffeln und Gurkensalat.

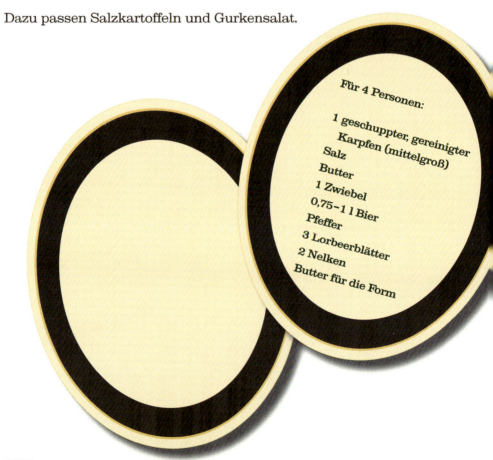

Für 4 Personen:

1 geschuppter, gereinigter Karpfen (mittelgroß)
Salz
Butter
1 Zwiebel
0,75–1 l Bier
Pfeffer
3 Lorbeerblätter
2 Nelken
Butter für die Form

Dunkler Karpfen

Bei diesem Thüringer Rezept kann man Malzbier oder dunkles Bier verwenden.

Karpfen enthäuten, entgräten und in 4 Stücke schneiden. Pfeffern, Zitronensaft und Rotwein darübergießen und 2-3 Stunden kühl stellen. Danach den Karpfen salzen. In einen Topf geben, die Marinade und das Bier zugeben. Zwiebel schälen, schneiden und hinzufügen. Dann Lorbeer und Nelke dazu und das Ganze aufkochen lassen.
Den Karpfen bei schwacher Hitze 10 Minuten pochieren.
Möhren und Sellerie schälen, klein schneiden und in der Butter dünsten. Die Rosinen einweichen.
Den Karpfen aus dem Sud nehmen und warm stellen. Den Sud durch ein Sieb passieren, aufkochen lassen und mit dem geriebenen Saucenbrot binden.
Gemüse und die abgetropften Rosinen dazugeben und mit Salz, Pfeffer, Zucker und Zitronensaft abschmecken.
Die Karpfenstücke mit der Sauce übergießen.

Dazu passen Petersilienkartoffeln.

Für 4 Personen:

1 küchenfertiger Karpfen (1½-2 kg)
Pfeffer
Zitronensaft
100 ml Rotwein
Salz
700 ml Malz- oder Schwarzbier
1 Zwiebel
1 Lorbeerblatt
1 Nelke
200 g Möhren
100 g Knollensellerie
50 g Butter
50 g Rosinen
60-80 g Saucenbrot
Zucker

129

Gedünstetes Zanderfilet

Da ist nur ein Schuss Pils drin – aber der macht's.

Die Schalotten schälen und klein schneiden. In Olivenöl anbraten, das Tomatenmark dazugeben, alles kurz weiterbraten und dann mit dem Bier ablöschen.
Die Zanderfilets in kleine Stücke schneiden. Die Tomaten mit kochendem Wasser übergießen und enthäuten. Danach vierteln, entkernen und grob hacken. Fisch, Tomaten und Lorbeerblatt zu den Zwiebeln geben. Mit Salz und Pfeffer würzen. Zudecken und bei mittlerer Hitze etwa 20 Minuten garen.

Dazu passt Ciabatta.

Für 4 Personen:

4 Schalotten
Olivenöl
1 EL Tomatenmark
100 ml Pils
4 Zanderfilets
6 Tomaten
1 Lorbeerblatt
Salz, Pfeffer

Hecht im Krapfenteig

Okay, es ist nicht wirklich ein Krapfenteig. Das Wortspiel hat uns zwar gut gefallen, aber der Versuch der Realisierung endete in einem Küchenfiasko. Darum gibt's die Fischfilets jetzt im Bierteig, in diesem Fall mit Hefeweißbier. Dazu wird eine Flasche Weizen in ein Weizenglas eingeschenkt, damit die Hefe gut aufgewirbelt wird. Ein Teil davon wird für den Teig abgezweigt – für den Rest findet sich wohl eine Verwendung ...

Filets in 8 gleich große, flache Stücke schneiden. Mit Zitronensaft einreiben, salzen und pfeffern und für 1–2 Stunden in den Kühlschrank stellen.
Das Mehl mit den Eigelben, Öl, Bier und Salz zu einem leicht flüssigen, glatten Teig verrühren. Diesen anschließend bei Zimmertemperatur 30 Minuten ruhen lassen.
Eischnee schlagen und unterheben.

Das Öl auf 180 °C erhitzen.
Die Hechtfilets trocken tupfen, mit Salz und Pfeffer einreiben. Im Bierteig wenden und nach und nach – der Fisch braucht Platz zum schwimmen – im heißen Öl ausbacken.
Auf Küchenpapier abtropfen lassen.

Mit Kartoffel-Gurken-Salat servieren.

Für 4 Personen:

Für den Fisch:
800 g Hechtfilet
100 ml Zitronensaft
Salz, Pfeffer

Für den Bierteig:
200 g Mehl
2 Eigelb
3 EL Öl
250 ml Weizenbier
1 Prise Salz
2 Eiweiß

Frittieröl

Tipp: Hecht ist eine heikle Sache, was die Gräten betrifft. Also auch fertige Filets nochmals gründlich danach absuchen.

Saibling auf Estragon-Weißbierschaum

Das ist ein leichtes und raffiniertes Essen, das auch mit Forelle wunderbar schmeckt.

Die Saiblinge innen und außen waschen und trocken tupfen, innen leicht salzen, pfeffern und je einen Zweig Estragon in den Bauch geben. Die Fische mit etwas Olivenöl einreiben und auf Alufolie legen. Jeden Fisch einzeln so einschlagen, dass keine Flüssigkeit auslaufen kann. In dem auf 200 °C vorgeheizten Backofen etwa 20 Minuten garen. Fisch aus dem Ofen nehmen, Temperatur auf etwa 120 °C reduzieren. Folien vorsichtig öffnen und die Saiblinge gründlich filetieren. Filets wieder in Folie einschlagen und zurück in den Ofen geben.

Für den Schaum den Estragon fein hacken und die Hälfte davon in eine Schüssel geben. Die Limette darüber auspressen und etwas von der Schale in den Saft reiben. Mit Ei, Eigelben, Salz, Pfeffer und Zucker verquirlen. Über einem heißen Wasserbad das Bier zugeben und alles etwa 3–5 Minuten schaumig rühren.
Den Schaum auf Teller verteilen, die Fischfilets aus dem Ofen und der Alufolie nehmen und auf den Schaum legen. Mit dem restlichen Estragon bestreuen und sofort servieren.

Dazu passen Pellkartoffeln.

Für 4 Personen:

Für den Fisch:
4 Saiblinge (küchenfertig, à ca. 300 g)
Salz, Pfeffer
4 Zweige Estragon
Olivenöl

Für den Schaum:
2 Zweige Estragon
1 Limette (unbehandelt)
1 Ei
2 Eigelb
1 Prise Salz
weißer Pfeffer
1 TL Zucker
150 ml Kristallweizen

Tipp: Der Aufwand fürs Entgräten zwischendurch lohnt sich. So bleibt der im Ganzen gegarte Fisch saftiger, als wenn man von vorneherein Filets nimmt. Man sollte es aber auch nicht erst auf dem Teller tun, denn im Bierschaum verstecken sich die Gräten besonders gut.

Frittierte Garnelen

Eine irische Bierteigvariante aus Dublin – wer kein Guinness hat, nimmt Schwarzbier.

Das Mehl mit dem Ei und der Milch zu einem glatten Teig verrühren. So viel Bier zugeben, dass der Teig dickflüssig wird. 30 Minuten ruhen lassen.
Mehl mit Salz und Pfeffer in einem Teller mischen und die Garnelen darin wenden. Danach die Garnelen in den Teig tauchen.
Das Öl in einer tiefen Pfanne erhitzen und die Garnelen darin portionsweise goldbraun braten.
Herausnehmen und auf Küchenkrepp abtropfen lassen. Mit Petersilie und Zitronenscheiben servieren.

Für 4 Personen:

140 g Mehl
1 Ei
3 EL Milch
3-6 EL Bier
50 g Mehl
Salz, Pfeffer
12 küchenfertige große Garnelen
Öl zum Frittieren
3 Stängel Petersilie
½ Zitrone

Vegetarisch
Gefüllte Paprika

Den Hackfleischklassiker wandeln wir vegetarisch-asiatisch ab.

Hirse im Sieb waschen und dann in 200 ml Bier aufkochen und ziehen lassen, bis die Körner die Flüssigkeit aufgenommen haben. Mu-Err-Pilze waschen, mit kochendem Wasser übergießen und etwa 15–20 Minuten einweichen.
Den Tofu würfeln. Von den Paprika am Stiel die Deckel abschneiden und die Schoten entkernen und entgraten. Die Pilze abgießen, ausdrücken und in kleine Stücke schneiden. Mit der Hirse, dem Tofu, gehacktem Koriander, Sojasauce und einem Esslöffel Bier zu einer Masse vermengen und damit die Paprikaschoten füllen. Die Deckel wieder draufsetzen.
In einen Bräter oder feuerfesten Topf das restliche Bier gießen, die Paprika einsetzen und in dem auf 200 °C vorgeheizten Ofen etwa 30–40 Minuten garen.

Für 4 Personen:

100 g Hirse
400 ml Schwarzbier
20 g getrocknete Baumohrenpilze (Mu-Err)
200 g schnittfester Tofu
4 große Paprikaschoten
1 Bund Koriander
1 EL Sojasauce

Ziegen-Bock-Tomaten

Das ist, je nach Hunger, ein kleines Hauptgericht oder eine Vorspeise.

Von den Tomaten den Deckel abschneiden und die Tomaten aushöhlen. Die »Innereien« aufheben.
Die Peperoni entkernen und klein schneiden. Die Oliven ebenfalls in kleine Stücke schneiden. Den Frischkäse mit Peperoni, Oliven, ½ Teelöffel Kräutermischung und 2–3 Esslöffeln Bockbier zu einer cremigen Masse verrühren. Den Feta hineinbröseln und noch mal durchrühren. Die Tomaten mit der Masse füllen und den Deckel wieder draufsetzen.

In einem flachen feuerfesten Topf Tomatenmark in Olivenöl anschwitzen. Das Innere der Tomaten pürieren und dazugeben, mit dem restlichen Bier ablöschen, mit den restlichen Kräutern und einer Prise Salz abschmecken. Die Tomaten in den Topf setzen und den Topf für etwa 15–20 Minuten in den auf 180 °C vorgeheizten Ofen stellen.

Dazu passen Kritharaki (Griechische Nudeln).

Für 4 Personen:

4 Fleischtomaten
1–2 milde rote Peperoni
8–10 schwarze Oliven (ohne Stein)
200 g Ziegenfrischkäse
1 TL Herbes de Provence
100 ml heller Bock
200 g Ziegenweichkäse (Feta)
1 TL Tomatenmark
1 EL Olivenöl
Salz

Tipp: Wenn kein Ziegen-Feta greifbar ist, geht's auch mit einem aus Schafsmilch.

Überbackener Blumenkohl

Kartoffeln schälen, vom Blumenkohl Blätter und Strunk entfernen und gut waschen. Beides leicht vorkochen (Kartoffeln etwa 10 Minuten, Blumenkohl etwa 3-4 Minuten). Käse grob reiben und mit Ei und Bier verquirlen. Blumenkohl zerteilen, Kartoffeln in Stücke schneiden. Beides in eine mit Butter leicht gefettete Auflaufform geben, salzen und pfeffern. Käsemasse gleichmäßig darübergießen.
Im Ofen (200 °C) etwa 15-20 Minuten überbacken.

Für 4 Personen:

500 g Kartoffeln (festkochend)
1 Blumenkohl
200 g Emmentaler
1 Ei
100 ml Bier
1 EL Butter
Salz, Pfeffer

Tipp: Statt Blumenkohl kann man auch Broccoli (hat eine kürzere Koch- und Garzeit) oder Rosenkohl überbacken.

Mediterranes Kartoffelgratin

Die mediterrane Version ist deutlich leichter als das klassische, mit viel Sahne, Milch und Butter sowie Eiern zubereitete Gratin dauphinois.

Kartoffeln schälen und in dünne Scheiben schneiden, Tomaten ebenfalls in Scheiben schneiden, nur das feste Fleisch verwenden. Knoblauch und Schalotten fein hacken.

Eine Auflaufform mit Olivenöl fetten und die Kartoffel- und Tomatenscheiben schuppenförmig darin aufschichten. Während des Schichtens salzen, pfeffern und Schalotten und Knoblauch einstreuen. Thymian, Rosmarin und Oliven im Auflauf verteilen und mit dem Bier aufgießen. Dann den geriebenen Käse darüberstreuen.

Im vorgeheizten Ofen bei 180 °C 40–60 Minuten backen.

Für 4 Personen:

800 g Kartoffeln (mehligkochend)

4–6 Roma- oder Flaschentomaten

2 Knoblauchzehen

2 Schalotten

1 EL Olivenöl

Salz, Pfeffer

2–3 Zweige Thymian

1 Zweig Rosmarin

10–12 schwarze Oliven (ohne Stein)

150–200 ml Export

200 g Gruyère (Greyerzer Käse, gerieben)

Tipp: Die Garzeit variiert stark, je nach Kartoffeln, Auflaufform und Herd. Nach etwa 40 Minuten immer wieder mit einer Gabel in die Kartoffeln stechen. Bräunt das Gratin zu stark an, während die Kartoffeln noch nicht gar sind, einfach mit einem Stück Alufolie abdecken. Bleibt es zu blass, kann man gegen Ende der Garzeit die Temperatur erhöhen und/oder auf Oberhitze schalten.

Ratatouille

Das haben wir schon lange vor dem Zeichentrickfilm gekocht.

Aubergine und Zucchini in Scheiben schneiden. Die Scheiben salzen und nach etwa 15 Minuten gut abtupfen, umdrehen und das Ganze von der anderen Seite wiederholen. Die Scheiben gegebenenfalls in mundgerechte Stücke schneiden.
Paprika entkernen und ebenfalls in mundgerechte Stücke schneiden. Die Zwiebeln fein würfeln und in einer großen Pfanne in Olivenöl glasig anbraten. Dann die Paprika dazu und nach 2–3 Minuten die Zucchini und die Aubergine ebenfalls hineingeben.
Knoblauchzehen und getrocknete Tomaten fein hacken und einrühren. Lässt das Gemüse viel Flüssigkeit, diese mit Tomatenmark eindicken.
Den Thymian dazugeben. Mit Bier aufgießen, kurz aufkochen und dann etwa 20–30 Minuten schmoren. Mit Pfeffer und bei Bedarf auch noch etwas Salz abschmecken. Zum Schluss gehackte Petersilie darüberstreuen.

Dazu passt am besten ein Baguette, aber auch Reis bietet sich an.

Für 4 Personen:

1 Aubergine
1 Zucchini
Salz
3 Paprikaschoten
    (grün, rot, gelb)
2 Zwiebeln
Olivenöl
2 Knoblauchzehen
3–4 getrocknete Tomaten
evtl. 1–2 TL Tomaten-
    mark
2–3 Zweige Thymian
100–150 ml helles Bier
Pfeffer
1 kleiner Bund glatte
    Petersilie

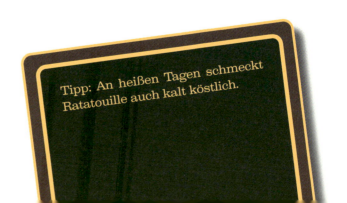

Tipp: An heißen Tagen schmeckt Ratatouille auch kalt köstlich.

Zucchini-Bier-Frittata

Frittata ist eine wunderbare Methode, mit der Zucchini-Schwemme, die jedes Jahr im Juli eintritt, fertig zu werden.

Die Zucchini waschen, putzen und mit einer Gemüsereibe raspeln. Die Zwiebeln schälen und klein schneiden. Eier mit der Sahne und dem Bier verquirlen. Mit Salz, Pfeffer und Paprikapulver würzen.

Öl in einer großen Pfanne erhitzen und die Zwiebeln darin anbraten. Die Zucchini dazugeben und etwa 7 Minuten bei mittlerer Hitze mitbraten, dabei häufig umrühren. Die Eier dazugießen. Die Pfanne abdecken und die Eier stocken lassen. Dann mithilfe von zwei Tellern wenden. Zurück in die Pfanne geben und etwa 5 Minuten fertig braten.

Für 4 Personen:

800 g Zucchini
2 Zwiebeln
8 Eier
50 ml Sahne
50 ml Bier
Salz, Pfeffer
1 Prise Paprikapulver
   (rosenscharf)
Olivenöl zum Braten

Tipp: Das Wenden mit zwei Tellern geht ganz einfach. Das Omelette oder die Frittata aus der Pfanne auf einen Teller gleiten lassen, den zweiten Teller darüber decken und das Ganze umdrehen. Dann den oberen Teller wegnehmen und das Omelette zurück in die Pfanne geben.

Tagliatelle mit getrockneten Tomaten

Das Bier ersetzt bei diesem Gericht nicht nur die Hälfte der Sahne, sondern verleiht ihm auch eine spritzige Note und rundet die Süße der Tomaten perfekt ab.

Die Knoblauchzehen schälen und hacken. Den Oregano waschen und trocken schütteln, die Blätter von den Stängeln streifen. Olivenöl erhitzen und Knoblauch und die Oreganoblätter darin anbraten. 4 Umdrehungen aus der Chili-Mühle darübergeben (wer's schärfer mag, dreht öfter).
Die Tomaten abtropfen lassen, klein schneiden und dazugeben. Mit Sahne und Bier aufgießen und bei kleiner Hitze warm werden lassen.
Die Tagliatelle in einem großen Topf mit gesalzenem Wasser nach Packungsangabe kochen. In einem Sieb abtropfen lassen. Dann mit der Sauce vermischen und auf 4 Tellern anrichten.

Für 4 Personen:

2 Knoblauchzehen
6 Stängel frischer Oregano
1 EL Olivenöl
Chili aus der Mühle
12 getrocknete Tomaten in Öl
100 ml Sahne
100 ml Bier
Salz
400 g Tagliatelle

Penne mit Bi(e)rnen und Radicchio

Ein fruchtiges Pasta-Gericht, das gut in den Herbst passt.

Wasser in einem großen Topf zum Kochen bringen. Die Penne darin nach Packungsanweisung bissfest kochen. Dann abgießen und abtropfen lassen.

Den Radicchio waschen, putzen und in Streifen schneiden. Die Birnen waschen, vierteln und die Kerngehäuse herauslösen. Danach die Viertel noch einmal dritteln. Die Zwiebel schälen und in feine Würfel schneiden.

Die Butter erhitzen und die Zwiebel darin kurz anbräunen. Die Birnen hinein und 1 Minute mitdünsten. Mit dem Bier ablöschen. Topf zudecken und das Ganze etwa 4 Minuten bei mittlerer Hitze dünsten. Die Sahne dazugießen und kurz einkochen lassen. Den Gorgonzola klein schneiden und dazugeben. Mit Salz und Pfeffer würzen und mit dem Radicchio und den Nudeln vermischen.

Für 4 Personen:

500 g Penne
400 g Radicchio
500 g Birnen
1 rote Zwiebel
30 g Butter
100 ml Hefeweizen
100 ml Schlagsahne
100 g Gorgonzola
Salz, Pfeffer

Pils-Krautfleckerl

Das sind Nudeln, die nicht perfekt geformt sein müssen – eine Nudelmaschine braucht's dafür also nicht.

Für den Teig alle Zutaten mit den Knethaken des Handrührers vermischen. Den fertigen glatten Teig in Frischhaltefolie wickeln und 1 Stunde ruhen lassen. Danach den Teig ausrollen und in etwa 5 cm breite Streifen schneiden. Die Streifen wieder in Stücke schneiden.
Den Zucker in der Butter karamellisieren lassen. Die Zwiebel schälen, hacken und mitrösten. Das Kraut in etwa 5 cm große Stücke schneiden und ebenfalls kurz mitrösten. Die Gemüsebrühe aufgießen. Mit Salz und Pfeffer abschmecken und etwa 20 Minuten garen, bis die Flüssigkeit verdampft ist.
Die Nudeln in kochendem Salzwasser etwa 8 Minuten garen, sie sollen noch bissfest sein. Abtropfen lassen und in Butter schwenken. Dann zum Kraut dazugeben.

Für 4 Personen:

Für den Teig:
180 g Weizenmehl
80 g Grieß
7 Eigelb
1 l Wasser
500 ml Pils
1 TL Olivenöl
Salz

Für das Kraut:
50 g Zucker
50 g Butter
1 Zwiebel
600 g Weißkraut
150 ml Gemüsebrühe
Salz, Pfeffer
Butter

Käsespätzle

Machen nicht nur Schwaben glücklich und satt. Wasser ist ein geringer, aber elementarer Bestandteil bei der Herstellung des Spätzleteigs. Bier macht das entscheidende Mehr draus. Probieren Sie's aus.

Mehl, Eier, Bier und Salz zu einem zähflüssigen, klumpenfreien Teig verrühren.

Zwiebeln in nicht zu dünne Ringe oder – das geht einfacher – halbe Ringe schneiden. Den Käse fein reiben. Zwiebeln in einer Pfanne mit etwas Butter oder Olivenöl anrösten, bis sie braun werden.

Spätzleteig mit einer Presse in einen großen Topf mit kochendem, leicht gesalzenem Wasser drücken – oder von Hand vom Brett schaben. Für Käsespätzle sind die mit einem Hobel hergestellten sogenannten Knöpflespätzle weniger geeignet.

Die Spätzle sind fertig, sobald sie oben schwimmen. Mit einem Schaumlöffel abschöpfen und die erste Schicht in eine vorgewärmte Auflaufform geben. Käse darüberstreuen, dann die nächsten Spätzle usw. Am Schluss etwas frisch gemahlenen Pfeffer und die Röstzwiebeln darauf verteilen und servieren.

Für 4 Personen:

400 g Mehl
3–4 Eier
100 ml Bier (z. B. Pils, Hell)
Salz
3–5 Zwiebeln
250 g Emmentaler
Butter oder Olivenöl

Tipp: Alle Gerätschaften, die mit dem Spätzleteig in Berührung gekommen sind, nach Gebrauch sofort in kaltem Wasser einweichen, das erleichtert den Abwasch.

Stein-Pils-Risotto

Die Steinpilze putzen und klein schneiden. Die Zwiebel schälen und fein schneiden. Die Butter erhitzen, die Zwiebel darin anbraten, dann die Steinpilze. Nur kurz auf dem Herd lassen, dann herunternehmen und mit Salz und Pfeffer würzen.

Für das Risotto die Zwiebel schälen, fein hacken und in der Butter glasig dünsten. Den Reis dazugeben und mitbraten lassen, bis er ebenfalls glasig ist. Mit dem Bier ablöschen. Unter ständigem Rühren nach und nach die Brühe dazugießen, bis die Reiskörner bissfest sind. Zum Schluss die Steinpilze untermengen und mit Salz und Pfeffer abschmecken. Vor dem Servieren mit Petersilie dekorieren.

Für 4 Personen:

Für die Pilze:
200 g frische Steinpilze
1 Zwiebel
1 EL Butter
Salz, Pfeffer

Für das Risotto:
1 Zwiebel
3 EL Butter
120 g Risottoreis
500 ml helles Bier
750 ml Fleischbrühe
Salz, Pfeffer
3 Stängel Petersilie

Brennnessel-Pils-Risotto

Brennnesseln sind ziemlich gesund – sie wirken entzündungshemmend und harntreibend. Allerdings sollte man sie nicht an befahrenen Straßen oder Hunde-Treffpunkten sammeln. Am besten nur die Sprossspitzen und kleine Blätter nehmen, die sind feiner.

Für die Brennnesseln die Butter erhitzen. Zwiebeln und Knoblauch schälen und fein hacken, in der Butter andünsten.
Brennnesseln waschen, abtropfen lassen und schneiden. Zu den Zwiebeln geben und würzen. Köcheln lassen, bis die Flüssigkeit verdampft ist, dann die Sahne dazugeben und einkochen lassen, mit Salz und Pfeffer würzen.
Für das Risotto die Zwiebeln schälen, fein hacken und in der Butter glasig dünsten. Den Reis hinzufügen und mitbraten, bis er ebenfalls glasig ist. Mit dem Bier ablöschen. Unter ständigem Rühren nach und nach die Brühe dazugießen. Alles kochen, bis die Reiskörner bissfest sind. Die Brennnesseln, Butter und den geriebenen Parmesan untermischen und noch einmal mit Salz und Pfeffer abschmecken.

Für 4 Personen:

Für die Brennnesseln:
50 g Butter
2 Zwiebeln
2 Knoblauchzehen
250 g Brennnesseln
Muskatnuss
Salz, Pfeffer
125 ml Sahne

Für das Risotto:
2 Zwiebeln
50 g Butter
300 g Risottoreis
500 ml Bier (z. B. Pils)
1 l Gemüsebrühe

90 g Butter
3 EL geriebener Parmesan
Salz, Pfeffer

Pikante Pfannkuchen mit Pilzfüllung

Für 4 Personen:

Für den Teig:
250 g Mehl
300 ml Milch
200 ml Bier (z. B. Hell, Lager, Export)
3 Eier
Salz
Butter

Für die Füllung:
400 g Champignons
1 Zwiebel
Olivenöl
Salz, Pfeffer
200 ml süße Sahne
Petersilie

Mehl, Milch, Bier und Eier mit einer Prise Salz zu einem flüssigen, klumpenfreien Teig verrühren. 1 Stunde stehen lassen. In der Zwischenzeit Pilze putzen, halbieren und die Hälften in Scheiben schneiden.

Ein Stück Butter in der Pfanne erhitzen. Eine Schöpfkelle Teig in die Pfanne geben und so zerlaufen lassen, dass der ganze Boden dünn bedeckt ist. Pfannkuchen erst wenden, wenn die Unterseite nach 3–5 Minuten fest und goldbraun ist. Bei Bedarf noch etwas Butter in die Pfanne geben.

Fertige Pfannkuchen auf einem großen Teller im Backofen bei etwa 70 °C warm halten, bis alle fertig sind.

Pilze und Zwiebel in Olivenöl anbraten, salzen und pfeffern. Sahne darübergießen und aufkochen. Wer will, kann etwas weniger Sahne nehmen und dafür noch einen Schuss Pils zu den Pilzen geben – ist aber nicht nötig, da die Pfannkuchen schon einen würzigen Biergeschmack haben. Ist die Sauce zu dünnflüssig, kann man sie mit einem kleinen Stück Butter binden. Am Schluss gehackte Petersilie darüber und die Sauce dünn auf den Pfannkuchen verteilen. Diese werden zusammengeklappt oder zusammengerollt serviert.

Dazu passt ein Salat der Saison, zum Beispiel Feldsalat.

Lauchbier-Quiche

Eine vegetarische Alternative zum klassischen Zwiebelkuchen. Der Mürbteigboden dauert nicht so lange wie ein Hefeteigboden.

Das Mehl in eine Schüssel geben. Die Butter in Stücke schneiden und mit dem Bier, dem Ei, Salz und Zucker hineingeben. Alles schnell zu einem glatten Teig verkneten und für 30 Minuten in den Kühlschrank stellen.
Den Lauch putzen, waschen, abtropfen lassen und in dünne Streifen schneiden. Die Butter erhitzen und den Lauch darin etwa 2 Minuten anbraten. Den Käse reiben und mit den Eiern, der Crème fraîche, dem Bier und dem Lauch gut vermengen. Mit Salz, Pfeffer und Muskatnuss würzen.
Den Teig ausrollen und in eine gefettete Springform von 28 cm Durchmesser geben. Dabei einen etwa 3 cm hohen Rand formen. Die Lauchmasse daraufgeben. Die Form in den vorgeheizten Backofen (200 °C) stellen und etwa 35 Minuten backen.

Für 4 Personen:

Für den Teig:
250 g Mehl
100 g Butter
4–5 EL Bier
1 Ei
Salz
1 Prise Zucker

Für den Belag:
300 g Lauch
30 g Butter
200 g Bergkäse
4 Eier
150 g Crème fraîche
100 ml Bier
Salz, Pfeffer
1 Prise Muskatnuss

Fett für die Backform

Tipp: Der Teig lässt sich wunderbar zwischen zwei Lagen Frischhaltefolie ausrollen – man erspart es sich damit, die Arbeitsfläche mit Mehl zu bestäuben. Wenn man einen schlechten Teigtag hat, kann es dabei nämlich leicht passieren, dass der Teig trotz Mehl festklebt.

Käsefondue

Wer dazu auch Bier trinkt, sollte aufpassen, dass er sein Brotstückchen nicht verliert – obwohl als Strafe dafür allenfalls der Abwasch steht und nicht ein Ausflug in den Genfer See wie bei *Asterix bei den Schweizern.*

Den Chester würfeln, den Emmentaler reiben. Das Bier in einem Fonduetopf erhitzen und mit Kümmel, Muskat, Nelkenpulver, Salz und Pfeffer würzen. Den Käse dazugeben und bei milder Hitze unter ständigem Rühren schmelzen lassen. Den Orangensaft mit der Speisestärke anrühren und das Fondue damit binden. Petersilienblätter abzupfen, hacken und unterrühren.

Besonders gut schmecken dazu Laugenbrezen und Landbrot.

Für 4 Personen:

400 g Chester
200 g Emmentaler
250 ml Pils
1 Messerspitze Kümmel
1 Prise Muskat
1 Prise Nelkenpulver
Salz, Pfeffer
Saft von 1 Orange
2 EL Speisestärke
3 Stängel Petersilie

Die Beilagen müssen natürlich nicht unbedingt mit Bier zubereitet werden. Wenn etwa schon das Fleisch mit Bier gemacht wird, kann es sogar zu viel des Guten sein. Brühe oder Wasser gleichen die Flüssigkeitsmenge ohne Probleme aus. Umgekehrt kann man auch beispielsweise einen »nüchternen« Schweinebraten mit Bierkraut oder Bierknödeln servieren.

Kartoffelpüree

Kartoffeln schälen, in Stücke schneiden und mit den Lorbeerblättern in Salzwasser kochen. Wenn die Kartoffeln gar sind, das Wasser abgießen und die Lorbeerblätter herausnehmen. Milch und Bier erwärmen, lauwarm mit Butter zu den Kartoffeln geben, stampfen. Mit Salz, Pfeffer und frisch geriebener Muskatnuss abschmecken.

Für 4 Personen:

1 kg mehligkochende Kartoffeln
2–3 Lorbeerblätter
250 ml Milch
50 ml helles Bier
100 g Butter
Salz, Pfeffer, Muskatnuss

Kartoffelsalat

Heißt Salat – und der Schwabe sieht's auch so, isst ihn gerne mit Brot oder Brezel.

Kartoffeln am besten schon am Vortag oder ein paar Stunden vorher kochen, bis sie sich leicht mit einer Gabel anstechen lassen. Wasser abgießen und Kartoffeln stehen lassen. Kartoffeln schälen und in dünne Scheiben in eine Salatschüssel schneiden. Zwiebel fein würfeln und ab zu den Kartoffeln. Das Bier leicht erhitzen und die Gemüsebrühe darin auflösen, Salz und Pfeffer, Essig und Öl in die Bier-Brühe geben, gut umrühren und über die Kartoffeln gießen. Gut durchmischen.

Variante 1: Ein paar Kartoffeln weniger und dafür eine halbe Salatgurke schälen und in dünne Scheiben hobeln. Den Gurkensaft abpressen, abgießen und die Gurkenscheiben vor dem Würzen zu den Kartoffeln geben.

Variante 2: Statt der Gurke etwa 10–12 Blatt Endiviensalat quer in schmale Streifen schneiden.

Beide Varianten passen hervorragend zu vielen Fleischgerichten, zu Würstchen, Leberkäse und auch Fisch.

Für 4 Personen:

1 kg festkochende
   Kartoffeln
1 Zwiebel
100 ml Pils
1 EL Gemüsebrühe
Salz, Pfeffer
1 EL Essig
2 EL Öl
evtl. ½ Salatgurke
evtl. 10-12 Blatt Endiviensalat

Reiberdatschi (Kartoffelpuffer)

Den Teig mit Ei und Bier verkneten. Handtellergroße, flache Fladen formen. Falls der Teig zu flüssig ist, mit etwas Kartoffelmehl binden. In heißem Öl oder Bratfett schwimmend ausbacken.

Für die süße Variante wird der Doppelbock durch ein Malzbier ersetzt, und es kommt noch ein Esslöffel Zucker in den Teig. Dazu passt Apfelmus

Für 4 Personen:

750 g Kloßteig
   (fränkisch, aus rohen
   Kartoffeln)
1 Ei
1–2 EL dunkler Doppel-
   bock
evtl. Kartoffelmehl
Bratöl

Kürbispüree

Es müssen nicht immer Kartoffeln sein – das Püree aus Kürbis saugt Sauce genauso gut auf.

Den Kürbis halbieren, Kerne und Fasern entfernen. Die beiden Hälften noch einmal teilen. Mit den Gewürzen und dem Bier in Alufolie wickeln. Auf ein Blech in den vorgeheizten Backofen (200 °C) geben. Etwa 1 Stunde backen.
Den Kürbis herausnehmen, Alufolie aufwickeln und das Ganze abkühlen lassen. Dann das Fruchtfleisch von der Schale lösen und durch ein Sieb passieren.
Die Sahne einmal kurz aufkochen lassen und zum Kürbis geben. Parmesan reiben und ebenfalls hineingeben. Dann die Butter dazu und alles verrühren. Mit Salz und Pfeffer abschmecken.

Für 4 Personen:

700 g Kürbis (z. B. Muskat- oder Butternuss)
1 Gewürznelke
1 Lorbeerblatt
2 EL Schwarzbier
100 ml Sahne
80 g Parmesan
3 EL Butter
Salz, Pfeffer

Tipp: Falls das Püree nicht cremig genug ist, noch etwas Bier und Butter einrühren.

Spätzle

Spätzle sind ein bisschen aufwändig, aber es lohnt sich. Sie passen zu fast allen Saucengerichten.

Mehl, Eier, Bier und 1 Prise Salz zu einem zähflüssigen, klumpenfreien Teig verrühren. Bei Bedarf mit Bier flüssiger oder mit Mehl fester machen.

Spätzleteig mit einer Presse in einen großen Topf mit kochendem, leicht gesalzenem Wasser drücken oder von Hand vom Brett schaben. Mit einem Hobel entstehen kleine runde Knöpflespätzle.

Die Spätzle sind fertig, sobald sie oben schwimmen. Wenn die Oberfläche voll ist, mit einem Schaumlöffel abschöpfen, in eine vorgewärmte Schüssel geben, und den restlichen Teig in den Topf pressen.

Für 4 Personen:

250 g Mehl
2–3 Eier
80 ml Pils oder Helles
Salz

Tipp: Beim Spätzleschaben braucht es vor allen Dingen viel Übung. Man verwendet dazu ein Holzbrettchen mit einer geraden Kante – bei original Spätzlebrettern ist diese abgeflacht. Eine Schöpfkelle Teig aufs Brett geben, mit dem Messer flach verteilen und schräg über den Topf halten. Der Teig sollte von selbst langsam nach vorne fließen. Mit einem langen, glatten Messer den Spätzleteig in dünnen Streifen über die Kante ins kochende Wasser schaben.

153

Grießklößchen

Eine prima Einlage nicht nur zu (Bier-)Suppen.

Milch und Bier mit Salz, Muskat und Butter vorsichtig aufkochen. Warten, bis sich der Schaum einigermaßen gelegt hat, und dann unter Rühren den Grieß einstreuen. Die Masse sollte einen großen Klumpen bilden und sich vom Topfboden lösen. Abkühlen lassen und dann die Eier einrühren.
Mit Löffeln oder von Hand Klößchen in der gewünschten Größe formen. Sie sind gar, wenn sie in siedendem Wasser oben schwimmen.

Tipp: Wenn man die Grießklößchen in Salzwasser vorkocht, kann man verhindern, dass die Suppe durch sich ablösende Grießteilchen eingetrübt wird. Die Grießklößchen lassen sich durch frische Kräuter aufpeppen, die in den Teig eingerührt werden.

Für 4 Personen:

200 ml Milch
100 ml helles Bier
1 Prise Salz
1 Prise Muskat
2 EL Butter
100 g Grieß
2 Eier

Bayerische Bier-Brezel-Knödel

Die vollmundige Variante der klassischen Semmelknödel passt zu zahlreichen Bratengerichten mit dunklen, kräftigen Saucen.

Butter in der Pfanne erhitzen und die klein geschnittene Zwiebel darin anbraten, bis sie leicht Farbe annimmt. Petersilie klein hacken und mit der Zwiebel verrühren. Pfanne vom Herd nehmen und etwas abkühlen lassen. Währenddessen Semmeln quer halbieren und in dünne Scheiben schneiden, Brezen in kleine Stücke brechen. Milch und Bier in einem Topf leicht erwärmen. Semmeln und Brezen in einer Schüssel mit dem lauwarmen Milchbier übergießen, die Eier und die Zwiebel mitsamt der Butter aus der Pfanne dazugeben, salzen, pfeffern und die Masse durch Rühren und Kneten gut durchmischen – bei Bedarf mit etwas Mehl binden.

Mit feuchten Händen Knödel in beliebiger Größe formen und in kochendes Salzwasser geben. Das Wasser soll in der Folgezeit nur leicht köcheln. Die Knödel brauchen je nach Größe zwischen 12 und 20 Minuten. Auf alle Fälle müssen sie an die Oberfläche gestiegen sein, dann sind sie fertig.

Für 4 Personen:

20 g Butter
1 Zwiebel
1 Bund Petersilie
4 trockene Semmeln
   (Brötchen)
2 trockene Laugenbrezen
100 ml Milch
150 ml kräftiges helles
   Vollbier (bayerisches
   Export, Lager oder
   Märzen)
3 Eier
Salz, Pfeffer

Yorkshire Pudding

Kein Pudding, wie man ihn hierzulande kennt, sondern very British.

Das Mehl in eine Schüssel sieben, mit Milch, Bier und 1 Prise Salz verquirlen. Die Eier unterrühren, bis der Teig glatt und flüssig ist.
Eine Muffinform gut ölen und im vorgeheizten Ofen (230 °C) heiß machen.
Wenn die Form richtig heiß ist, den Teig schnell in die Mulden füllen und die Puddings etwa 20–25 Minuten backen.

Eine klassische Bratenbeilage, z. B. zu Roastbeef.

Für 4 Personen:

150 g Mehl
150 ml Milch
100 ml Lager
Salz
2 Eier
Öl

Risi con Birra

Wasser zum Kochen bringen, Naturreis hineingeben. 20 Minuten köcheln lassen. Dann das Bier dazugeben und weitere 10 Minuten köcheln lassen, bis der Reis weich ist. Mit Salz abschmecken.

Passt zu kurzgebratenem Fleisch, Hühnchen und Fisch.

Für 4 Personen:

300 g Naturreis
250 ml helles Bier
Salz

Tipp: Der Reis wird richtig gut, wenn man etwa 1½ Tassen Wasser pro Tasse Reis zum Kochen bringt. Gießt man das Bier dazu, sollte der Reis am Ende der Kochzeit die Flüssigkeit komplett aufgesogen haben – ein Abgießen ist also nicht nötig.

Sauerkraut

Ein helles, kräftiges Vollbier macht sich gut darin. Pils würde die Säure zu sehr betonen.

Kraut im Sieb abtropfen lassen. Zwiebel fein hacken, Apfel schälen, vierteln, entkernen und in dünne Schnitze schneiden. Gemüsebrühe im Bier auflösen.
Zwiebel in Öl glasig andünsten. Apfel und Kümmel ebenfalls kurz mit andünsten. Kraut, Lorbeerblätter und Wacholderbeeren dazu, das Bier darübergießen und gut durchrühren. Das Kraut im geschlossenen Topf etwa 30 Minuten garen. Zwischendurch umrühren und bei Bedarf mit Salz, Pfeffer und/oder Zucker abschmecken.

Für 4 Personen:

**500-800 g Sauerkraut
    (1 Beutel oder 1 große
    Dose)
1 Zwiebel
1 säuerlicher Apfel
1 TL Gemüsebrühe
250-300 ml Export oder
    Lager
Sonnenblumenöl
1 TL Kümmel (ganz)
2-3 Lorbeerblätter
4-5 Wacholderbeeren
    (oder Nelken)
evtl. Salz, Pfeffer
Zucker**

157

Blaukraut

Hat nichts mit der Wirkung des Alkohols zu tun. So wird der Rotkohl in manchen Gegenden Süddeutschlands genannt.

Blaukraut hobeln oder in feine Streifen schneiden. Zwiebel fein würfeln. Apfel schälen, vierteln, entkernen und in dünne Schnitze schneiden.
Die Zwiebel in Butter in einem Topf glasig andünsten, das Kraut und den Apfel dazugeben und 4–5 Minuten dünsten. Dann salzen und mit dem Bier ablöschen. Nelken und Essig dazugeben. Etwa 30 Minuten im geschlossenen Topf garen, öfter mal umrühren.
Mit Zucker, Pfeffer und frisch geriebener Muskatnuss abschmecken, bei Bedarf noch etwas Bier aufgießen und weitere 30 Minuten bei mittlerer Hitze garen.

Für 4 Personen:

1 kleiner Kopf Blaukraut (Rotkohl)
1 Zwiebel
1 Apfel
50 g Butter
1–2 TL Salz
250 ml dunkles Bier
4–6 Nelken
1–2 EL Apfel- oder Bieressig
1 TL Zucker
Pfeffer
Muskatnuss

Zwiebelconfit

Eine Abwandlung des klassischen Rezeptes. Geht ganz einfach, schmeckt köstlich.

Die Zwiebeln halbieren und in Scheiben schneiden. Flach in eine kleine Saftpfanne oder einen Bräter geben, mit Olivenöl bedecken und mit dem braunen Zucker bestreuen. In den auf 200 °C vorgeheizten Backofen geben. Nach 10 Minuten das Bier hinzugeben. Nach weiteren 10 Minuten aus dem Ofen nehmen und mit Chili und Salz abschmecken.

Passt zu kurzgebratenem Fleisch und ergibt mit Kartoffelpüree ein vegetarisches Hauptgericht.

Für 4 Personen:

3 große Zwiebeln
Olivenöl
½ TL brauner Zucker
400 ml Bier
1 Prise gemahlenes Chili
Salz

Gedünsteter Sellerie

Sellerie schälen und in maximal 1 cm dicke Scheiben schneiden. Butter in einer großen Pfanne erhitzen und die Selleriescheiben darin von jeder Seite 2–3 Minuten anbraten. Das Lorbeerblatt dazugeben und mit der Hälfte vom Bier aufgießen. Mit Salz, Pfeffer und Zucker abschmecken. Die Selleriescheiben brauchen bei schwacher Hitze etwa 20–30 Minuten, um gar zu werden. In dieser Zeit nach und nach das restliche Bier aufgießen. Die Petersilie hacken und kurz vor Schluss darüberstreuen.

Für 4 Personen:

1 kleine bis mittelgroße
   Sellerieknolle
50 g Butter
1 Lorbeerblatt
200–250 ml helles Bier
Salz, Pfeffer
Zucker
1 kleiner Bund Petersilie

Tipp: Wenn die Pfanne zu klein ist oder die Selleriescheiben zu groß, nacheinander anbraten. Erst vor dem Aufgießen wieder alles in die Pfanne legen und dann gelegentlich wenden.

Kohlrabigemüse

Den Kohlrabi schälen und stifteln. Die Kohlrabiblätter fein hacken. Die Stifte in kochendem Salzwasser etwa 3 Minuten garen. Herausnehmen und abtropfen lassen. Die Butter erhitzen und die Kohlrabiblätter darin kurz anbraten, dann die Stifte dazugeben. Das Bier aufgießen und einkochen lassen. Sofort servieren.

Für 4 Personen:

450 g Kohlrabi mit Blättern
Salz
1 EL Butter
2 EL Bier

Möhrchengemüse

Bei Menschen zählen Alter und Erfahrung, bei Möhren gilt: je jünger, desto besser.

Die Möhren so schälen, dass ein bisschen Grün stehen bleibt. Den Rest des Grüns abschneiden. Die Butter erhitzen, Zucker und Salz zugeben. Dann die Möhren hinzufügen und anschwitzen. Wenden nicht vergessen. Mit dem Bier aufgießen. Alles im offenen Topf köcheln lassen, bis die Flüssigkeit verdampft ist.

Für 4 Personen:

300 g junge Möhren mit Grün
20 g Butter
10 g Zucker
Salz
125 ml dunkles Bier

Bier-Linsen

Ein Klassiker mit Schuss.

Die Linsen einweichen (am besten am Vortag). Suppengemüse klein schneiden. Linsen mit Wasser bedecken und bei geringer Hitze zusammen mit dem Suppengemüse weichkochen. Mit Bier, Essig, Salz, Pfeffer und Zucker abschmecken.

Dazu passen Spätzle und Wienerle.

Für 4 Personen:

250 g Linsen
250 g Suppengemüse (Lauch, Sellerieknolle, Petersilienwurzel, Möhre)
50 ml Bier
1 EL Essig
Salz, Pfeffer
Zucker

Beschwipste Kichererbsen

Eigentlich eine Verschwendung. Obwohl die Kichererbsen beim Quellen Bier – und damit den Geschmack – aufnehmen, muss man den Großteil des Einweichbiers wegschütten. Aber vielleicht ist ja mal eine Flasche Bier offen stehen geblieben oder schmeckt ein wenig schal, dann findet sie hier optimale Verwendung, denn auf die Kohlensäure kommt's nicht an.

Die Kichererbsen unter fließendem Wasser gut abwaschen. In eine Schüssel geben und mindestens 12 Stunden in Bier einweichen. Sie sollten gut mit Flüssigkeit bedeckt sein, da sie noch etwas aufquellen. Wenn das Bier nicht reicht, noch etwas nachgießen – Wasser geht auch.
3–4 Esslöffel vom Einweichbier aufheben, den Rest abgießen.
Kichererbsen 40–60 Minuten in ungesalzenem Wasser weich köcheln.
Die Zwiebel und die Knoblauchzehe häuten und klein hacken. In Öl anbraten. Das Tomatenmark darin anschwitzen, mit dem Einweichbier – es darf auch frisches sein – und Wasser ablöschen. Die gekochten Kichererbsen hinein und erst jetzt mit Salz abschmecken. Gehackte Kräuter darüber, gut durchrühren und noch ein paar Minuten ziehen lassen.

Für 4 Personen:

- 150 g getrocknete Kichererbsen
- 500 ml Bier
- 1 Zwiebel
- 1 Knoblauchzehe
- Öl
- 1–2 TL Tomatenmark
- 3–4 EL Wasser
- Salz
- 1 EL gehackte frische Kräuter (Oregano, Salbei, Thymian)

Vorrats-Steinpilze

Für dieses Steinpilz-Gericht muss man nicht in den Wald, sondern nur an den Vorratsschrank.

Die getrockneten Pilze in einem Sieb unter fließendem Wasser sehr gut abwaschen, dann für mindestens 1 Stunde (es darf auch über Nacht sein) in lauwarmem bis warmem Bier einweichen.
Pilze abgießen, das Einweichbier unbedingt aufheben. Die Pilze gut abtropfen lassen. Schalotten fein hacken und in Butter glasig anbraten. Die Pilze dazu, 2–3 Minuten mit anbraten, dann mit dem Einweichbier ablöschen. Die Flüssigkeit um etwa die Hälfte reduzieren. Die Sahne dazugeben, kurz aufkochen und etwa 5 Minuten köcheln lassen. Mit Salz, Pfeffer und Kräutern abschmecken.

Passen unter anderem zu Nudeln, Reis und kurzgebratenem Fleisch.

Für 4 Personen:

30–40 g getrocknete Steinpilze
200 ml Lager
2–3 Schalotten
30 g Butter
150 ml Sahne
Salz, Pfeffer
1 EL frische, gehackte Kräuter (je nachdem, wozu es die Pilze gibt)

Tipp: Wenn im Einweichbier noch Verunreinigungen (Sand etc.) sind, kann man es durch einen Kaffeefilter reinigen – oder beim Aufgießen einfach stoppen, bevor der Bodensatz kommt. Die Einweichflüssigkeit liefert erst das volle Pilzaroma – z. B. auch für Suppen. Das funktioniert auch mit anderen getrockneten Pilzen.

Bier für Feinschmecker

Man nehme ...

... einen Schluck Bier und lasse ihn sich auf der Zunge zergehen. Wer dabei nicht nur Hopfenaroma und Malzsüße schmeckt, sondern auch noch Geschmacksnoten wie Johannisbeere, Apfelmus, Schokolade oder Banane entdeckt, der ist schon auf dem besten Weg zum Biersommelier. Den gibt es tatsächlich, wenn auch noch nicht lange. Der Bierberater ist – im Unterschied zu dem aus dem mittelalterlichen Hofamt des Mundschenks (französisch: sommelier) hervorgegangenen Weinkellner – ein Kind des 21. Jahrhunderts. Die Idee zur Ausbildung zum Biersommelier mit Diplomabschluss stammt aus Österreich und wird seit 2004 zusammen mit der Doemens-Brauakademie in Gräfelfing bei München praktiziert. Im Jahr 2005 wurde der Verband der Diplom-Bier-Sommeliers gegründet. Auf der Homepage heißt es: »Der Biersommelier versteht sich als Berater für den Gast als auch für den Gastronomen. Der Gast erhält Informationen zum Bierherstellungsprozess, über die richtige Bierauswahl zur gewählten Speise, erfährt alles über die positiven gesundheitlichen Auswirkungen des moderaten Bierkonsums.« Der Biersommelier lernt »in Seminaren und Verkostungsrunden, seine Sinne auf den genussvollen Bierkonsum zu richten. Er ist verantwortlich für die ausgeschenkte Bierqualität und die perfekte Präsentation des Bieres beim Gast. Er erstellt die Bierkarte, berät den Koch bei Biergerichten und organisiert den Biereinkauf«.

Dass man nicht nur den Wein achten, sondern auch das Bier gebührend würdigen sollte, war Kennern allerdings schon lange klar – auch wenn in der Spitzengastronomie manchmal immer noch einer mehrseitigen Weinkarte ein zwei- oder dreizeiliges Angebot sogenannter Fernsehbiere gegenübersteht. Schade, denn in einem wohltemperierten Bier entfalten sich mehr Aromen, Geschmacks- und Geruchsnuancen als im Wein. Das bescheinigen nicht nur Sommeliers, sondern auch Wissenschaftler.

Schon aus den vier Grundsubstanzen Malz, Hopfen, Hefe und Wasser allein lässt sich also eine schier unglaubliche Geschmacksvielfalt komponieren. Malz verleiht dem Bier nicht nur Farbe, sondern auch Aroma und der Hopfen macht nicht nur das Pils herb. Es gibt Hunderte von Sorten, von denen manche sogar Fruchtaromen entfalten, die Biermischgetränke oder Verstöße gegen das Reinheitsgebot überflüssig machen. Hefe sorgt nicht nur für die alkoholische Gärung. Fast jeder Brauer hat seinen eigenen Stamm dieser Pilze gezüchtet, die den Charakter des Bieres wesentlich beeinflussen. Und nicht zuletzt kommt es auch ganz entscheidend aufs Wasser an, aus dem schließlich jedes Bier zu fast 90 Prozent besteht.

Bei rund 1800 Braustätten, die allein im deutschsprachigen Raum mehr als 6000 verschiedene Biere herstellen, lässt sich die Vielfalt erahnen. Und bei allem Respekt vor dem Reinheitsgebot von 1516, das man nicht hoch genug einschätzen kann, schaut man über den Teller- respektive Glasrand, zum Beispiel nach Belgien oder neuerdings in die USA, sieht man, dass noch viel mehr möglich ist. Nicht jedes Experiment mit anderen Zusatzstoffen ist Panscherei. Und selbst innerhalb des Reinheitsgebotes sind Dinge möglich, die die meisten deutschen Brauer erschauern lassen. Den jungen Wilden aus Übersee, die sich einst gegen das Einheits-Bud formierten, bringen die neuen Kreationen inzwischen internationale Preise ein, mit denen sich auch deutsche Brauer gerne schmücken würden.

Entdeckungsreisen in die Welt des Bieres lohnen sich also. Man muss dabei nur auf eines achten: Gefrierschranktemperaturen machen jedes Aroma zunichte. Kühl, nicht kalt, heißt die Devise.

Auffallend oft wird hier Bockbier verwendet. Warum ausgerechnet zu den leichten Desserts der schwere Stoff, wird sich manche(r) fragen. Bockbier bringt in der Regel eine eigene Malzsüße mit, das ist der Hauptgrund. Und bei einigen dieser Rezepte ist im Original Wein die Grundlage oder entscheidende Beigabe. Der hat aber immerhin einen doppelt so hohen Alkoholgehalt wie Bockbier. Eine Bockbiercreme ist so gesehen also viel milder als eine Weincreme. Weniger Alkohol, mehr Geschmack, könnte darum die Devise lauten. Das gilt auch für die Weizenbier-Desserts!

Apfelküchle im Bierteig

Ein süßer Klassiker mit dem Allrounder Bierteig. Hier in der unkompliziertesten Variante, bei der die Eier nicht getrennt werden.

Das Mehl, die Eier, Bier, Salz und etwas Zimt zu einem nicht zu dünnen Teig verrühren.
Die Äpfel schälen, Kerngehäuse ausstechen und das Fruchtfleisch in 1 cm dicke Scheiben schneiden.
Das Öl in einer hohen Pfanne erhitzen. Die Apfelscheiben in den Bierteig tauchen, etwas abtropfen lassen und von beiden Seiten goldgelb ausbacken. Die fertigen Apfelküchle auf Küchenpapier abtropfen lassen.
Zucker und Zimt in einer Schüssel mischen. Die Apfelküchle darin wälzen.

Pur servieren oder mit einer Kugel Vanilleeis.

Für 4 Personen:

Für den Bierteig:
300 g Mehl
3 Eier
175 ml Bier
Salz
1 Prise Zimt

4 große Äpfel
Öl zum Frittieren
Zucker
Zimt

Hollerküchle

Der Dessertklassiker aus Bierteig, hier mit Vanille und Zimt aufgepeppt.

Das Mehl mit dem Bier verrühren. Die Eigelbe, den Vanillezucker und die Prise Zimt unterrühren. Die Eiweiße mit einer Prise Salz und dem Zucker steif schlagen und vorsichtig unter den Bierteig heben.
Das Öl erhitzen. Die in den Teig getauchten Holunderblüten im heißen Öl goldbraun ausbacken. Herausnehmen und auf Küchenpapier abtropfen lassen. Zucker und Zimt in einem Teller mischen. Die noch warmen Hollerküchle in die Zimtzuckermischung dippen.

Dazu passt Vanilleeis, aber auch pur schmecken sie gut.

Für 4 Personen:

Für den Bierteig:
200 g Mehl
300 ml Bier
2 Eigelb
½ Päckchen Vanillezucker
1 Prise Zimt
2 Eiweiß
Salz
20 g Zucker

Öl zum Frittieren
12 Holunderblütendolden

Zucker
Zimt

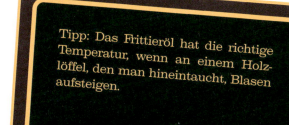

Tipp: Das Frittieröl hat die richtige Temperatur, wenn an einem Holzlöffel, den man hineintaucht, Blasen aufsteigen.

Kirschen im Bierteig

Kirschen sind ja schon pur eine feine Sache. Mit dem Backteig werden sie zu einem ganz besonderen Nachtisch.

Für den Bierteig das Mehl mit dem Backpulver, Zucker, Zimt, Nelkenpulver und Kakao vermischen. Dann die Milch und das Bier, zum Schluss nach und nach die Eier unterrühren. Den Teig etwa 30 Minuten ruhen lassen.
Die Kirschen waschen und trocken tupfen. Das Öl erhitzen. Die Kirschen in den Teig tauchen und portionsweise im heißen Öl ausbacken. Danach auf Küchenpapier abtropfen lassen. Mit Puderzucker bestäuben und servieren.

Für 4 Personen:

Für den Bierteig:
150 g Mehl
½ TL Backpulver
75 g Zucker
1 TL Zimt
1 Prise gemahlene
    Nelken
1 TL Kakaopulver
60 ml Milch
65 ml Bier
3 Eier

750 g Kirschen (mit Stiel)
Öl zum Frittieren
Puderzucker

Gebackene Erdbeeren

Nicht nur Hollerblüten und Apfelscheiben lassen sich wunderbar in Bierteig ausbacken!

Das Mehl mit dem Bier, dem Öl, den Eigelben und dem Salz zu einem glatten Teig verrühren. Die Eiweiße mit dem Zucker zu Schnee schlagen. Unter den Teig heben.
Die gewaschenen und geputzten Erdbeeren mit ein bisschen Mehl bestäuben und dann in den Teig tunken.
Fett oder Butterschmalz in einer tiefen Pfanne erhitzen. Die Erdbeeren hineingeben und etwa 2 Minuten ausbacken. Die Beeren herausnehmen und auf Küchenkrepp abtropfen lassen.
Zum Servieren mit Puderzucker bestäuben und mit einigen Blättchen Minze oder Zitronenmelisse dekorieren.

Für 4 Personen:

Für den Bierteig:
140 g Mehl
125 ml Bier
2 EL Öl
2 Eigelb
1 Prise Salz
2 Eiweiß
10 g Zucker

500 g Erdbeeren
etwas Mehl
Pflanzenfett oder Butterschmalz zum Ausbacken
Puderzucker
einige Blättchen Minze oder Zitronenmelisse

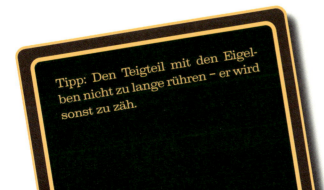

Tipp: Den Teigteil mit den Eigelben nicht zu lange rühren – er wird sonst zu zäh.

Beeren-Bier-Dessert mit Bockbiersorbet

Das dürfte selbst Bierverächter überzeugen. Das Sorbet schwimmt sozusagen in einem Biersüppchen.

Die Gelatineblätter in kaltem Wasser einweichen. Die Vanilleschote der Länge nach aufschlitzen und das Mark herausschaben. Schote und Mark in einen Topf geben, die Milch und die Sahne hinzugießen und aufkochen lassen. Die Schote herausnehmen.

Die Eigelbe mit dem Zucker schaumig schlagen. Die Vanillesahne unter ständigem Rühren bei niedriger Hitze dazugeben. Solange rühren, bis eine Creme entsteht.

Den Topf mit der Creme in ein Eiswasserbad geben. Die Gelatine ausdrücken und in die Creme rühren. Dann das Bockbier unterrühren. Mindestens 2 Stunden kalt stellen.

Für das Sorbet das Bockbier mit dem Orangensaft, dem Zitronensaft und dem Zucker verrühren. In eine Eismaschine füllen und gefrieren lassen.

Das Biersüppchen in vorgekühlte tiefe Teller verteilen, Eiskugeln hineinsetzen. Mit Beeren und Mandelblättchen garnieren.

Für 4 Personen:

Für die Bier-Suppe:
3 Blatt weiße Gelatine
1 Vanilleschote
500 ml Milch
250 ml Schlagsahne
6 Eigelb
150 g Zucker
250 ml Bockbier

Für das Bockbiersorbet:
750 ml Bockbier
Saft von 2 Orangen
Saft von 1 Zitrone
2 EL Zucker

300 g Beeren (Himbeeren oder Erdbeeren)
30 g gehobelte Mandeln

Pfirsich-Pilschen

Sommerfreude pur – reife Pfirsiche treffen ein kühles Pils.

Die Pfirsiche entkernen und in Stücke schneiden. 220 ml Wasser in einen Topf geben, die Pfirsiche, den Läuterzucker und das Pils hinzufügen und aufkochen. Über Nacht stehen lassen.

Am nächsten Tag durch ein Sieb passieren und noch einmal aufkochen lassen. Die Gelatine einweichen, ausdrücken und in die leicht abgekühlte Pfirsich-Suppe rühren. Das Ganze etwa 3 Stunden kalt stellen, bis das Pfirsich-Pilschen dickflüssig ist.

Die Pfirsiche für die Einlage mit kochendem Wasser überbrühen und häuten. In feine Spalten schneiden und fächerförmig in tiefen Tellern auslegen. Mit dem Pilschen übergießen und mit Minzeblättchen garnieren.

Dazu passt Vanilleeis.

Tipp: Läuterzucker ist ein Zuckersirup, der mit Zucker und Wasser im Verhältnis 1:1 hergestellt wird – also z. B. 1 kg Zucker auf 1 l Wasser. Beide Zutaten einfach nur in einem Topf aufkochen und dann etwa 3 Minuten köcheln lassen. Abgekühlt in Flaschen füllen, dann hält sich das Ganze monatelang.

Für 4 Personen:

600 g Pfirsiche
150 g Läuterzucker
150 ml Pils
1 Blatt weiße Gelatine
3 Pfirsiche für die Einlage
2 Stängel Minze

Bieramisu

Die italienische Nachspeisen-Diva verträgt sich wunderbar mit deutschem Weizenbier.

Die Eier trennen. Die Eigelbe mit 60 g des Puderzuckers, dem Vanillezucker und der Hälfte des Hefeweißbiers über einem heißen Wasserbad cremig aufschlagen.
Die Gelatine einweichen und ausdrücken. Die Eigelbmischung vom Wasserbad nehmen und die Gelatine darin auflösen. Den Mascarpone unterrühren. Die Masse kalt stellen, bis sie leicht zu gelieren beginnt.
Die Eiweiße mit 1 Prise Salz und dem restlichen Puderzucker steif schlagen. Die Sahne ebenfalls steif schlagen. Beides vorsichtig unter die Mascarponemasse heben.
Die Löffelbiskuits mit dem restlichen Weizenbier tränken und in eine rechteckige Schüssel oder Auflaufform legen. Die Mascarponecreme daraufgeben. Alles mindestens 4 Stunden kalt stellen.
Die Erdbeeren putzen, waschen und abtrocknen. Mit Zitronensaft und Puderzucker mischen und mit dem Pürierstab pürieren. Das Erdbeerpüree auf das Hefeweißbier-Tiramisu gießen und das Bieramisu sofort servieren.

Für 4 Personen:

3 Eier
80 g Puderzucker
1 Päckchen Vanillezucker
250 ml Hefeweißbier
3 Blatt weiße Gelatine
500 g Mascarpone
Salz
200 ml Schlagsahne
12 Löffelbiskuits
150 g Erdbeeren
3 EL Zitronensaft
2 EL Puderzucker

Kölsch-Kaltschale

Scherzhaft bezeichnet man ein blankes Bier als Hopfenkaltschale. Das ist auch unser Lieblingsrezept – aber hier gibt's noch das gewisse Extra.

100 ml Bier mit der Stärke verrühren.
Die Rosinen mit der Zimtstange und dem Zucker im restlichen Bier aufkochen und 10–15 Minuten ziehen lassen.
Zimtstange herausnehmen und die Bier-Stärke-Mischung hineingeben, durchrühren und nochmals kurz aufkochen. Das Pumpernickel fein zerkrümelt in die Flüssigkeit streuen, diese auf Schalen, Teller oder Gläser verteilen und ein paar Stunden im Kühlschrank kalt stellen.

Für 4 Personen:

1 l Kölsch
2–3 EL Verdickungs-
   mittel (Maisstärke oder
   Sago)
100 g Rosinen
1 Zimtstange
2–3 EL brauner Zucker
100 g Pumpernickel

Berliner Brombeer-Weiße

100 ml Bier mit der Stärke verrühren.
Die Brombeeren mit Zucker bestreuen.
Das restliche Bier zum Köcheln bringen. Achtung! Es kann stark schäumen. Die Bier-Stärke-Mischung einrühren, etwas Zitronenschale hineinreiben, kurz aufkochen und dann etwas abkühlen lassen. Die gezuckerten Brombeeren dazugeben, die Flüssigkeit auf Schalen oder Gläser verteilen und in den Kühlschrank stellen.

Für 4 Personen:

1 l Berliner Weiße
2–3 EL Verdickungs-
   mittel (Maisstärke oder
   Sago)
250 g Brombeeren
100 g Zucker
ungespritzte Zitronen-
   schale

Weizenbier-Beeren-Speise

Schmeckt so gut, wie das Wort lang ist. Der Hauch Weizenbier betont den Geschmack der Himbeeren.

Die Buttermilch mit der Hälfte des Zuckers und der Hälfte der Sahne schaumig schlagen. Dann das Bier und den Schnaps unterrühren. Die Gelatine in Wasser einweichen. Nach 5 Minuten ausdrücken und in 1 Esslöffel Bier bei niedriger Hitze auflösen. Unter die Creme rühren und das Ganze etwa 30 Minuten in den Kühlschrank stellen.

Die Himbeeren waschen und mit dem restlichen Zucker vermischen. Alles in ein Sieb geben und den Saft auffangen. Den Rest der Sahne steif schlagen und unter die Creme ziehen. Die Hälfte der Creme mit dem Himbeersaft verrühren.

Die weiße und die rote Creme abwechselnd in eine Glasschüssel schichten. Zwischen jede Schicht Himbeeren streuen. Ein paar aufheben: Die kommen zum Schluss obendrauf. Alles für etwa 1 Stunde bis zum völligen Gelieren kalt stellen.

Vor dem Servieren mit Puderzucker bestreuen und mit den Melisseblättern garnieren.

Für 4 Personen:

250 ml Buttermilch
150 g Zucker
500 ml Sahne
2 EL Weizenbier
2 EL Himbeerwasser
6 Blatt weiße Gelatine
1 EL Weizenbier
500 g Himbeeren
Puderzucker
5 Blättchen Zitronen-
   melisse

Malzbiercreme

Aus Österreich und ohne Alkohol, aber sehr gut!

Die Eigelbe, Zitronensaft, Zimt und Zucker in eine Schüssel geben und mit dem Schneebesen schaumig rühren. Danach auf ein heißes Wasserbad setzen. Das Wasser im Wasserbad darf nicht kochen. Die Schüssel, die man daraufsetzt, sollte gut hineinpassen, damit beim Schlagen kein Wasser in die Creme spritzt.
Das Malzbier zugeben und mit dem Schneebesen kräftig schlagen, bis die Creme das doppelte Volumen angenommen hat. Die Schüssel aus dem Wasserbad nehmen und in eine zweite Schüssel mit Eiswasser stellen. Mit dem Schneebesen weiterschlagen, bis die Creme abgekühlt ist.

Dazu passen frische Himbeeren und Schlagsahne.

Für 4 Personen:

4 Eigelb (Größe M)
1 EL Zitronensaft
1 Prise Zimt
30 g Zucker
125 ml Malzbier

Vanille-Pils-Äpfel mit Orangensauce

Ein schönes Winterdessert. Das Pils harmoniert mit dem Geschmack der Orangen.

Die Äpfel schälen und das Kerngehäuse ausstechen. Das Bier mit dem Zucker und der längs aufgeschlitzten Vanilleschote in einem breiten Topf zum Kochen bringen.

Die Äpfel in den Biersud setzen. Den Topf zudecken und die Äpfel bei niedriger Hitze 8–10 Minuten weich dünsten.

Für die Sauce die Schale von 2 Orangen abreiben. Alle Orangen auspressen. Den Zucker in einem Topf karamellisieren lassen, mit dem Orangensaft ablöschen. Auf die Hälfte reduzieren. Abkühlen lassen und die abgeriebene Schale unterrühren.

Die Äpfel auf Tellern anrichten und mit der Orangensauce übergießen.

Wer mag, halbiert die Äpfel und gibt auf jede Hälfte eine Kugel Vanilleeis.

Für 4 Personen:

Für die Äpfel:
4 Äpfel
375 ml Pils
100 g Zucker
1 Vanilleschote

Für die Sauce:
4 Orangen (unbehandelt)
60 g Zucker

Schwarzbierapfel

Wer mag, trinkt zu diesem Winterdessert Glühwein.

Die Äpfel waschen und das Kerngehäuse ausstechen.
Die Rosinen mit dem Bier, dem Zimt und den Nelken aufkochen. Die Trockenfrüchte klein schneiden.
Das Eigelb verquirlen und mit den Trockenfrüchten und den Bierrosinen vermischen. Diese Masse in die Äpfel füllen. Die Äpfel im vorgeheizten Backofen (160 °C) 15–20 Minuten backen.

Dazu passt Vanilleeis.

Für 4 Personen:

4 Äpfel
20 g Rosinen
150 ml Schwarzbier
1 Prise Zimt
2 Gewürznelken
100 g Trockenfrüchte
1 Eigelb

Erdbierjoghurt

Frisch, fruchtig und ziemlich kalorienarm.

Die Erdbeeren putzen, waschen und pürieren. Orangensaft und Zucker unterrühren und aufkochen lassen.
Die Gelatine in kaltem Wasser auflösen. Bier und Rum erwärmen (nicht kochen lassen!), die ausgedrückte Gelatine darin auflösen. Unter die Erdbeeren rühren und alles abkühlen lassen.
Die Erdbeermasse mit dem Joghurt verrühren. Alles in vier Schälchen füllen und mindestens 3 Stunden in den Kühlschrank stellen. Vor dem Servieren mit jeweils einer Erdbeere garnieren.

Für 4 Personen:

100 g Erdbeeren
2 EL Orangensaft
45 g Zucker
3 Blatt weiße Gelatine
3 EL helles Bier
1 EL Rum
250 g griechischer Joghurt
   (10 % Fett)
4 Erdbeeren zum Dekorieren

Bocko-Eis
mit Bratquitten

Ein bisschen aufwändiger, dafür aber was ganz Besonderes in der Kombination von Heiß und Kalt.

Eigelbe und Zucker in einer Schüssel auf einem heißen Wasserbad verrühren, das Bockbier dazugeben und mit einem Schneebesen unterrühren. Nach etwa 5–8 Minuten Rühren einen Holzlöffel hineintauchen. Wenn die Creme ihn dicklich überzieht, ist sie fertig.
Vollmilchschokolade schmelzen lassen und noch auf dem heißen Wasserbad unter die Creme ziehen. Danach die Sahne hinzufügen. Alles auf einem Eiswasserbad etwa 3 Minuten kalt rühren.
Die Creme in eine Eismaschine geben und gefrieren lassen.

Von den Quitten mit einem Tuch den Flaum abreiben und abspülen. Das Kerngehäuse ausstechen. Die Quitten von außen mit dem Kandis bespicken, jeweils 1 Teelöffel Butter, 1 Esslöffel Kandiszucker und ½ aufgeschnittene Vanillestange in die Quittenmitte geben.
Die Quitten einzeln in Alufolie wickeln und auf ein Backblech setzen. Im Backofen bei 160 °C etwa 60–80 Minuten braten.
Zusammen mit dem Bocko-Eis servieren.

Für 4 Personen:

4 Eigelb
150 g Zucker
150 ml Bockbier
80 g Vollmilchschokolade
250 ml Sahne
4 Quitten
100 g Kandiszucker
20 g Butter
2 Vanilleschoten

Tipp: Das Hineintauchen des Holzlöffels wird in der Küchenfachsprache »zur Rose abziehen« genannt, weil die Creme, wenn sie die richtige Konsistenz hat, ein bisschen wie eine Rose aussieht.

Süße Bockbierpfannkuchen

Mehl, Milch, Bier, Eier und Zucker zu einem dünnflüssigen, klumpenfreien Teig verrühren. 1 Stunde ruhen lassen. Etwas Butter in der Pfanne erhitzen. Eine Schöpfkelle Teig in die Pfanne geben und zerlaufen lassen, bis der ganze Boden dünn bedeckt ist. Pfannkuchen erst wenden, wenn die Unterseite nach 3–5 Minuten fest und goldbraun ist.

Die Pfannkuchen auf einem großen Teller im Backofen bei etwa 70 °C warm halten, bis alle fertig sind.

Pfannkuchen dünn mit Marmelade bestreichen und zusammenrollen, mit Puderzucker bestreuen und servieren.

Für 4 Personen:

250 g Mehl
200 ml Milch
200 ml Bockbier (dunkler Doppelbock)
2–3 Eier
2 TL Zucker
Butter
Himbeer- oder Erdbeermarmelade
Puderzucker

Apfelstrudel

Strudelteig gibt es fertig zu kaufen. Für den Bierstrudelteig wird man allerdings selbst Hand anlegen müssen. Auf gutes Gelingen!

Das Bier (es darf auch mit Wasser verdünnt sein) leicht erwärmen. Das Mehl auf eine Arbeitsplatte sieben, Salz darüberstreuen, Eigelb dazu und alles mit etwas Bier verkneten. Nach und nach so viel Bier dazugeben, dass ein elastischer, seidenglatter Teig entsteht. Den fertigen Teig zu einer Kugel formen, mit Öl bestreichen und unter einer vorgewärmten Schüssel (oder einem Topf) etwa 30 Minuten ruhen lassen.

Inzwischen die Äpfel schälen, vierteln und das Kerngehäuse herauslösen, in dünne Scheiben schneiden. Rosinen unter fließendem, heißem Wasser waschen. Äpfel, Rosinen und Nüsse mit Zimt und Zucker mischen.

Ein großes, sauberes Küchentuch mit Mehl bestäuben und den Teig sehr dünn darauf ausrollen. Dann mit bemehlten Händen gleichmäßig hauchdünn – »papierdünn« heißt die Idealvorgabe – ausziehen. Den dickeren Rand abschneiden. Falls Löcher entstanden sind, kann man sie damit schließen.

Butter zerlassen und mit einem Teil davon den Strudelteig bestreichen. Die Semmelbrösel darüberstreuen und die Apfelmasse darauf verteilen – aber nicht ganz bis zum Rand. Den Teig aufrollen (dabei ist das Tuch hilfreich), die Seiten mit dem frei gebliebenen Teigrand verschließen und den Strudel mit zerlassener Butter bestreichen.

Für 4–6 Personen:

Für den Teig:
100–150 ml helles Lager oder Export
300 g Mehl
1 Prise Salz
1 Eigelb
1 TL Öl

Für die Füllung:
1–1½ kg Äpfel
100 g Rosinen
50 g geriebene Haselnüsse (oder fein gehackte Walnüsse)
1 TL Zimt
100–150 g Zucker (je nachdem, ob man süßliche oder säuerliche Äpfel nimmt)
Mehl zum Bestäuben
200–250 g Butter
50 g Semmelbrösel
2–3 EL Puderzucker

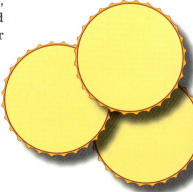

Den Backofen auf 200 °C vorheizen. Den Strudel auf einem gefetteten Blech goldbraun backen, das dauert etwa 1 Stunde. Immer wieder mit Butter bestreichen.

Den fertigen Apfelstrudel mit Puderzucker bestreuen.

Ofenschlupfer mit Altbier-Sabayon

Im Ofenschlupfer verwertete man früher altbackenes Brot. Das sparsame Rezept stammt, logisch, aus Schwaben.

Die Brötchen in Würfel schneiden. Die Äpfel schälen, Kerngehäuse entfernen, dann ebenfalls würfeln.

Die Mandeln in einer Pfanne ohne Fett anrösten. Dann mit den Rosinen, den Korinthen und dem Rum vermischen. Die Vanillestange halbieren, das Mark herauskratzen und mit dem Zimt und dem Zucker dazugeben. Das Weißbrot und die Äpfel dazugeben und alles gut vermischen.

Die Eier mit der Milch verquirlen, darübergießen und unterheben. Die Masse in eine gebutterte Auflaufform geben. Im vorgeheizten Backofen (170–180 °C) etwa 1 Stunde backen.

In einer Schüssel für das Sabayon Bier, Wasser, Zucker und die Eigelbe über einem heißen Wasserbad cremig rühren. Die Schale der Zitrone abreiben und hineinrühren. Zum Ofenschlupfer servieren.

Für 4 Personen:

Für den Ofenschlupfer:
4 Brötchen (vom Vortag)
4 Äpfel
1 TL gestiftelte Mandeln
1 TL Rosinen
1 TL Korinthen
40 ml Rum
1 Vanillestange
1 Prise Zimt
3 TL Zucker
4 Eier
500 ml Milch
Butter für die Form

Für das Altbier-Sabayon:
80 ml Altbier
80 ml Wasser
40 g brauner Zucker
4 Eigelb
½ unbehandelte Zitrone

Zimtsoufflé mit Braunbiersößchen

Ein schöner Menü-Ausklang an kalten Tagen.

Die Schokolade im Wasserbad schmelzen. Die Butter und 40 g Zucker schaumig schlagen. Die Eigelbe und die flüssige Schokolade unterrühren.

Die Lebkuchen raspeln und mit der Milch vermischen. Dann den Zimt und die gehackten Nüsse untermengen.

Die Eiweiße mit dem restlichen Zucker und einer Prise Salz steif schlagen und unter die Soufflémasse heben.

Eine Fettpfanne etwa 2 cm hoch mit Wasser füllen und in den vorgeheizten Backofen (220 °C) stellen. Vier Förmchen erst mit Butter einfetten, dann mit Zucker ausstreuen. Die Soufflémasse hineingeben und ins Wasserbad im Backofen setzen. Etwa 25–30 Minuten backen.

Alle Zutaten für das Sößchen über einem heißen Wasserbad schaumig schlagen.

Die Soufflés auf Teller stürzen und mit der Sauce übergießen.

Rumtopffrüchte passen gut dazu.

Für 4 Personen:

Für das Soufflé:
80 g Zartbitterschokolade
80 g Butter
50 g Zucker
4 Eigelb
140 g Elisenlebkuchen
40 ml Milch
1 Messerspitze Zimt
60 g Walnüsse
4 Eiweiß
Salz
Butter und Zucker für die
    Förmchen

Für die Sauce:
125 ml Braunbier
20 g Zucker
4 Eigelb
Saft von ½ Zitrone
1 Messerspitze Zimt

Guinness-Pudding mit Whiskeysauce

Sultaninen, Rosinen, Korinthen und die Orangenschale in eine Schüssel geben. Den Orangensaft, den Whiskey und das Bier darübergießen. Alles 24 Stunden stehen lassen.

Das Vollkornbrot zerkrümeln. Eine Puddingform fetten (alternativ auch eine Schüssel aus feuerfestem Glas). Die Brotkrumen mit der Sultaninen-Rosinen-Korinthen-Mischung vermengen. 5 Minuten stehen lassen.

Das Ei einrühren. Das Mehl sieben und ebenfalls einrühren. Zimt und Backpulver untermischen. Alles in die Puddingform füllen. Danach wird sie in einen Topf mit kochendem Wasser gestellt, wo der Pudding 2 Stunden zieht.

Aus dem Wasserbad nehmen und 15 Minuten auskühlen lassen, dann stürzen.

Butter, Zucker und Sirup in einen Topf geben und bei mittlerer Hitze verrühren, bis der Zucker sich auflöst. 1 Minute kochen lassen und dann den Whiskey dazugeben. Durchrühren und über den heißen Pudding gießen.

Für 4 Personen:

Für den Pudding:
70 g Sultaninen
70 g Rosinen
70 g Korinthen
1 TL geriebene Schale einer unbehandelten Orange
1 EL Orangensaft
1 EL Whiskey (Irish Whiskey)
70 ml Guinness
100 g Vollkornbrot
Butter für die Form
1 Ei
40 g Mehl
½ TL gemahlener Zimt
½ TL Backpulver

Für die Sauce:
40 g Butter
30 g brauner Zucker
2 EL Golden Syrup oder Zuckerrübensirup
1 EL Whiskey (Irish Whiskey)

Tipp: Golden Syrup wird in England, Schottland und Irland gerne zum Backen oder für Süßspeisen verwendet. Der Sirup, der aus Zuckerrohr hergestellt wird, ist in Deutschland nicht überall zu bekommen. Man kann ihn durch Zuckerrübensirup ersetzen.

Bocko-Waffeln

Die sind was für das große Kind in jedem von uns!

Die Butter mit dem Zucker, dem Vanillezucker, dem Kakao, dem Salz und den Eiern schaumig schlagen.
Das Mehl zusammen mit dem Backpulver in eine Schüssel sieben. Löffelweise abwechselnd mit dem Bockbier und der Sahne unterrühren. Falls der Teig nicht dünnflüssig genug ist, noch etwas Bockbier zugeben.
Das Waffeleisen mit Öl auspinseln und erhitzen. Den Teig portionsweise mit einem kleinen Schöpflöffel hineingeben und etwa 4–6 Minuten backen.

Für ca. 12 Waffeln:

125 g Butter
50 g Zucker
1 Päckchen Vanillezucker
1 EL Kakaopulver
1 Prise Salz
4 Eier
250 g Mehl
1 TL Backpulver
125 ml dunkles Bockbier
125 ml Sahne
Öl für das Waffeleisen

Tipp: Am besten schmecken die Waffeln frisch aus dem Eisen, dick mit Puderzucker bestäubt.

Bockbiermuffins

Bockbier ist so vielseitig, dass es sich auch in Muffins gut macht.

Mehl mit Backpulver, Natron und Vanillezucker mischen und in eine Rührschüssel sieben. Zucker, Butter, Kakaopulver, Bockbier, Buttermilch und Eier dazugeben und alles mit dem Handrührgerät schnell zu einem glatten Teig verarbeiten.
Den Teig in 18 gefettete Muffinförmchen geben. Die Förmchen in den Backofen schieben (vorgeheizt, Ober-/Unterhitze, etwa 180 °C) und etwa 25 Minuten backen.
Die Muffins etwa 10 Minuten in den Förmchen abkühlen lassen. Danach herauslösen.
Für den Guss Butter, Kakao und Bockbier zum Kochen bringen, kurz einkochen lassen. Den Topf von der Platte nehmen und den Puderzucker unterrühren. Den Guss auf die noch warmen Muffins geben und mit den Nüssen bestreuen.

Für ca. 18 Muffins:

Für den Teig:
225 g Mehl
1 ½ TL Backpulver
½ TL Backnatron
1 Päckchen Vanillezucker
320 g Zucker
150 g Butter
3 EL Kakaopulver
125 ml helles Bockbier
100 ml Buttermilch
3 Eier (Größe M)

Fett für die Förmchen

Für den Guss:
25 g Butter
1 ½ EL Kakaopulver
50 ml Bockbier
200 g gesiebter Puderzucker

100 g gehackte Walnusskerne

Tipp: Die Muffins schmecken auch alkoholfrei, mit Malzbier.

Bocko-Kuchen

Ein leicht und schnell zubereiteter Geburtstagskuchen für Bierfans. Das Bockbier macht den Kuchen saftig, gibt ihm eine dezent alkoholische Note und passt wunderbar zur Schokolade.

Butter mit dem Handrührgerät auf höchster Stufe schaumig schlagen. Nach und nach Zucker und Vanillezucker und anschließend die Eier unterrühren. Das mit Back- und Kakaopulver vermischte und gesiebte Mehl portionsweise und abwechselnd mit dem Bockbier hineinrühren. Zuletzt Nusskerne und Schokolade unterheben.

Teig in eine gefettete Kastenform geben und glatt streichen. Die Form in den vorgeheizten Backofen (180 °C) stellen. Etwa 60 Minuten backen.

Wenn der Kuchen fertig ist (an einem Zahnstocher bleibt kein Teig mehr kleben), aus dem Ofen nehmen und noch etwa 10 Minuten in der Form stehen lassen. Danach herauslösen und auf einen Kuchenrost oder Teller stürzen. Wieder umdrehen und erkalten lassen.

Für die Glasur die Kuvertüre im Wasserbad bei schwacher Hitze schmelzen lassen. Das Bockbier nach und nach unterrühren. Den Kuchen damit bestreichen.

Für 1 Kastenform (30 x 11 cm):

Für den Rührteig:
200 g Butter
200 g Zucker
1 Päckchen Vanillezucker
3 Eier (Größe M)
3 gestrichene TL Backpulver
3 TL Kakaopulver
250 g Weizenmehl
125 ml Bockbier
125 g grob gehackte Pecannusskerne (wahlweise Walnusskerne)
100 g geraspelte Zartbitterschokolade

Fett für die Form

Für die Glasur:
100 g Halbbitterkuvertüre
100 ml Bockbier

Bier-Beeren-Bowle

Gut gekühltes Weizenbier vorsichtig in eine große Glasschüssel gießen. Wenn sich der Schaum gelegt hat, die Beeren und den Sirup hineingeben, mit dem Sekt aufgießen, mit Puderzucker bestäuben und eine halbe Stunde im Kühlschrank kalt stellen.

Für 4 Personen:

1 l Kristallweizen
500 g Erdbeeren oder Himbeeren (oder eine Mischung davon und dazu noch eine Handvoll Brombeeren, Stachelbeeren, rote Johannisbeeren)
2–3 EL Beerensirup
1 Flasche Sekt
1 EL Puderzucker

Kristallkelch

Mit dem kohlensäurereichen Kristallweizen kann man sich in mancher Bowle den Sekt sparen. Hier eine tropische Variante:

Früchte in kleine Stücke schneiden und mit Zucker bestreuen. Erst Cidre, dann Weizenbier eisgekühlt darübergießen und durchrühren. Auf Weizenbiergläser verteilen und servieren.

Für 4 Personen:

500 g Südfrüchte (z. B. Ananas, Sternfrucht, Kiwi, Litschi)
2–3 EL Zucker
500 ml Apfelcidre
1 l Kristallweizen

Bier Royal

Der Aperitif. Als Champagnerweizen wurde das Kristallweizen früher oft bezeichnet – bis das juristisch mit der geschützten Herkunftsbezeichnung des französischen Schaumweins kollidierte.

Cassis auf Sektgläser verteilen und mit eisgekühltem Kristallweizen aufgießen.

Für 4 Personen:

40 ml Crème de Cassis
500 ml Kristallweizen

Caibierinha

Im Vergleich zum brasilianischen Original schon fast ein Softdrink.

Limetten gut waschen und trocken reiben. Mit der Schale in Scheiben schneiden, die Endstücke wegwerfen – da sind unerwünschte Bitterstoffe drin. Limettenscheiben auf 4 Bechergläser (Fassungsvermögen etwa 0,4 l) verteilen. Jeweils 1 Esslöffel Rohrzucker darüber und die Limetten mit einem Holzmörser oder Kochlöffel zerdrücken. Die Gläser mit zerstoßenem Eis auffüllen, mit sehr kaltem Pils aufgießen. Vorsichtig durchrühren und servieren.

Für 4 Personen:

2 unbehandelte Limetten
4 gestrichene EL brauner Zucker
zerstoßenes Eis
1 l Pils

Daibieri

Der Daiquiri ist die kubanische Schnell- und Kurzversion des Caipirinha – und funktioniert ebenfalls mit Bier. Wir nehmen mal Kölsch und servieren das Ganze als Aperitif.

Limettensaft und Bier gut kühlen. Je 1 Esslöffel Limettensaft und 1 Teelöffel Zuckersirup in eine Kölschstange (ein schlankes, hohes 0,2-l-Glas) geben. Mit Bier aufgießen. Trinkhalm rein, damit umrühren und servieren.

Für 4 Personen:

4 EL Limettensaft (alternativ Zitronensaft)
ca. 500 ml Kölsch (oder Kristallweizen)
4 TL Rohrzuckersirup (oder Läuterzucker = Zuckersirup)

Tipp: Vom Cocktailshaker wird dringend abgeraten, denn Bier schäumt nun mal sehr stark.

Rhabarbier

Die erste Reaktion von Freunden war: »Bier und Rhabarbersaft – ach, neee!« Dann kam der erste Schluck und ein überzeugtes: »Ja, bitte!«

4 große Pilstulpen (½ l) mit je 200 ml Rhabarbersaft befüllen, jeweils 2cl vom Wacholderschnaps dazu und mit Pils auffüllen.

Für 4 Personen:

800 ml Rhabarbersaft (50% Fruchtsaftgehalt)
80 ml Gin
1 l Pils

Ingwerbier

Ein Digestif. Nicht zu verwechseln mit Ginger Ale.

Gut die Hälfte vom Ingwer abschneiden und schälen. In 2–3 Stücke schneiden und in 250 ml Wasser etwa 30 Minuten auskochen. Den Sud abkühlen lassen und dann im Kühlschrank 1–2 Stunden kalt stellen.
Die ausgekochten Ingwerstücke herausnehmen. Den Saft auf schlanke Gläser verteilen und mit Bier aufgießen. Den restlichen frischen Ingwer schälen und möglichst fein darüberreiben.

Für 4 Personen:

1 Stück Ingwer (ca. 30 g)
250 ml Wasser
1 l Pils

Tipp: Mit Pils wird's ziemlich bitter. Das passt zu einem Verdauungstrank. Wer es milder mag, kann auch ein weniger hopfiges Helles nehmen und/oder eine Prise braunen Zucker einrühren.

Glühbier

Ja, das geht. Und ja, das schmeckt.

Bier mit Zimt, Nelken und Sternanis in einem Topf langsam erhitzen, nicht kochen. Wenn sich der Schaum gelegt hat, etwas Orangenschale hineinreiben und den Zucker dazugeben. 15–20 Minuten ziehen lassen. Erst kurz vor Schluss den Kirschsaft dazugeben.

Für 4 Personen:

1 l dunkles Bier
½ Stange Zimt
2 Nelken
1 Sternanis
Orangenschale (unbehandelt)
2–3 TL brauner Zucker
100 ml Kirschsaft

Warmes Bier mit Honig

Ein bewährtes Hausmittel bei Erkältungen. Weil hoffentlich nicht gleich vier Erwachsene gleichzeitig erkältet sind, hier nur die Zutaten für eine Portion.

Bier in einem Topf erwärmen (nicht kochen). Wenn sich der Schaum gelegt hat, das warme Bier in eine große Tasse gießen, den Honig dazu, durch Rühren auflösen. Sofort ins Bett legen und trinken.

Für 1 Person:

250 ml helles Bier (kein Pils)
1–2 TL Honig

Radler

Der klassische Bier-Longdrink, im Norden auch als Alsterwasser bekannt. Einfacher geht's kaum: Halb und halb Zitronenlimo und Bier. Radeln macht Durst – daher ist hier die Maß das Maß aller Dinge.

Für 4 Personen:

2 l Zitronenlimonade
2 l helles Bier

Tipp: Mit Weizenbier heißt das Radler Russ bzw. Russ'nmaß. Eine Erklärung, wie der Begriff »Russ« entstand, liefert folgende Geschichte: Nach dem Ersten Weltkrieg versammelten sich die kommunistischen Anhänger einer Räterepublik, im Volksmund »Russen« genannt, in München im Mathäser-Keller. Weil die Revolution zwar ordentlich Durst machte, die Revolutionäre aber trotzdem einen halbwegs klaren Kopf behalten sollten, mischten sie das Weizenbier mit Limonade. Das erfrischende Getränk setzte sich bald in Bayern durch, die Räterepublik allerdings nicht.

Goaßmaß

Noch ein Klassiker, vor allem in Niederbayern. Hat sich dort auch nach Erfindung der Alcopops gehalten.

Bier in den Krug, Cola drüber und zum Schluss den Likör hinein.

Für 1 Maß (1 l):

500 ml dunkles Bier
500 ml Cola
40 ml Kirschlikör

Russendiesel +

Der Russ ist das Radler mit hellem Weißbier, Diesel wird die Grundsubstanz der Goaßmaß (dunkles Bier und Cola) genannt.

Und so wird's zubereitet: Cola auf vier Weizengläser verteilen. Nach und nach das Weißbier dazugießen – nicht gleich ein Glas vollmachen, sondern in den leerer werdenden Flaschen die Hefe vorsichtig aufschütteln, so dass sie beim Einschenken reihum gleichmäßig verteilt wird. Zum Schluss den Inhalt eines kleinen Schnapsglases (Stamperl) Wodka in jede Dieselmischung.

Für 4 Personen:

1 l Cola
1 l dunkles Hefeweißbier
  (oder dunkler Weizenbock)
80 ml Wodka

Eier-Bier

Die 60er Jahre lassen grüßen.

Eier und Zucker mit dem Handrührgerät schaumig schlagen, das gekühlte Weizenbier unterschlagen und sofort servieren.

Dazu passen Pumpernickel-Canapés und Toast Hawaii.

Für 4 Personen:

2 Eier

50 g Zucker

1 Flasche Weizenbier

Und zu guter Letzt unser Lieblingsrezept:

2 Bier im Glas

Prost!

Für 4 Personen:

Natürlich 4 Bier. Sorry!

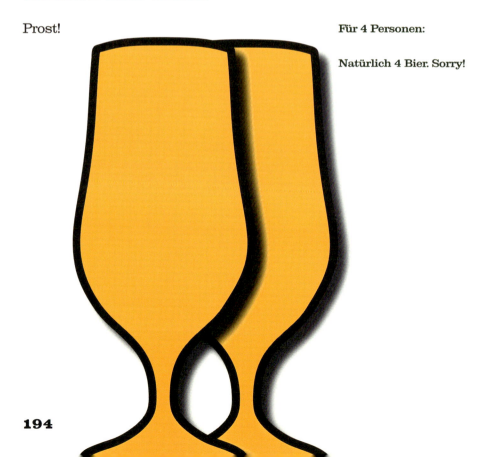

Welches Bier zu welchem Gericht?

Bierempfehlungen des Deutschen Brauer-Bundes

Salat: helles Weizenbier, helles Lager, Export

Eintopf: dunkles Lager, Kölsch, Alt

Gekochter Fisch: helles Weizenbier, helles Lager, Export

Gebratener Fisch: dunkles Lager, Pils, Alt, Kölsch

Geflügel: helles Weizenbier, helles Lager, Export, Pils, Kölsch

Meeresfrüchte: Pils, helles Weizenbier, Kölsch, Export

Braten: Pils, dunkles Lager, Kölsch, Alt, Malztrunk

Steaks: dunkles Bockbier, Schwarzbier, Pils, Alt, Kölsch

Wild: Bockbier, Schwarzbier, Alt, dunkles Weizenbier

Milder Käse: helles Lager, Weizenbier, Export

Würziger Käse: Bockbier, Kölsch, Alt, Pils, dunkles Lager

Süße Nachspeisen: helles Weizenbier, Kölsch, Bockbier, Malztrunk

Bier an einem Sommerabend

Ein leichtes Menü für laue Lüftchen auf der Terrasse oder auf dem Balkon – ganz ohne Fleisch.

Als Aperitif ein Rhabarbier (s. Seite 190)
Ziegen-Bock-Tomaten (s. Seite 135)
Rucolasalat mit Parmesan und Pils (s. Seite 50)
Zucchini-Bier-Frittata (s. Seite 139)
Pfirsich-Pilschen (s. Seite 171)

Zum Essen Pils servieren, denn das findet sich auch in den Gerichten wieder.

Etwas Warmes für den Winter

Wenn's draußen kalt ist, dann wärmt dieses Biermenü wunderbar.

Als Aperitif ein Bier Royal (s. Seite 189)
Petersilienwurzelsuppe mit Bier und Kren (s. Seite 63)
Feldsalat mit Braunbierdressing (s. Seite 49)
Wildschwein in Rauchbiersauce (s. Seite 107)
Zimtsoufflé mit Braunbiersößchen (s. Seite 182)
Als Digestif ein Ingwerbier (s. Seite 191)

Zum Essen ein gold- bis bernsteinfarbenes Export oder Märzen servieren. Das hellt die dunkle Jahreszeit und auch die dunklen Saucen auf und bringt schon einen Vorgeschmack auf den Frühling.

Die klassische Sonntagstafel

Ein Menü für Familienfeste (mit erwachsenen Kindern) oder Freundesrunden, die wie bei Muttern speisen wollen.

Vorab ein Weißbier-Frühschoppen (aber ohne Weißwürste!). Ein helles Weizen weckt den Appetit und hält auch noch zur Suppe und zum Salat vor.

Schwäbische Flädlesuppe (s. Seite 58)
Eichblattsalat mit Kerbel-Kristallweizen-Dressing (s. Seite 48)
Böfflabier (s. Seite 84)
Hollerküchle (s. Seite 167)

Zum Fleisch ein einfaches Helles servieren, sonst wird's zu wuchtig.

Das Mittelmee(h)r-Menü

Auch wenn Sie nicht zu denen gehören, die – frei nach Robert Gernhardt – in der Toskana »mit lautem Organ ›Bringse birra‹ verlangen«, könnte Ihnen dieses mediterrane Menü munden.

Marinierte Sardinen (s. Seite 23)
Gazpacho con Cerveza (s. Seite 64)
Tagliatelle mit getrockneten Tomaten (s. Seite 140)
Schwarzer Geier (s. Seite 110)
Bieramisu (s. Seite 172)

Zu diesem Essen passt fast jedes Bier, Hauptsache hell.

Speisen und reisen

Ein kulinarischer Kurztrip durch Indien, China und Thailand, mit einem abschließenden Abstecher nach Brasilien.

Indischer Tomatensalat (s. Seite 52), dazu ein kleines Kristallweizen
Asia-Roastbeef (s. Seite 90), dazu ein Irish Stout
Bierhuhnsuppe (s. Seite 66), danach ein Caibierinha (s. Seite 189)

Schnell mit 4 Gängen

Ein Menü für alle, die nicht gern lange in der Küche stehen.

Zwiebelsuppe (s. Seite 59)
Romanasalat mit Altbieraigrette (s. Seite 52)
Gedünstetes Zanderfilet (s. Seite 130)
Schwarzbierapfel (s. Seite 177)

Zu Suppe und Salat ein dunkles Bier servieren, zum Zander ein Pils und zum Bratapfel wieder ein Dunkles.

BBB: Bier - Brunch - Buffet

Eine Auswahl für den Brunch oder das Buffet. Speisen, die sich gut vorbereiten lassen, die auch mal ein, zwei Stunden offen liegen bleiben dürfen und die sich - wenn tatsächlich was übrig bleibt - auch bis zum nächsten Tag halten. Natürlich soll oder muss nicht alles bierhaltig sein. Gemüse zum Dippen (Möhren, Stangensellerie, Chicorée) und Obst gehören ebenso dazu wie Wurst, Käse, Marmelade und Toast oder Brötchen.

Kaltes aus der Bierküche:
Würziges Brauerbrot (s. Seite 36), Rosbierin-Waffeln (s. Seite 15), Grünkernbratlinge (s. Seite 17), Bier-Buletten (s. Seite 76), Kräuterquark (s. Seite 27), Räucherfisch in Kräuteraspik (s. Seite 21), Bierwindbeutel (s. Seite 16), Kartoffelsalat (s. Seite 151), Knobier-Dip (s. Seite 43), Weizen-Kräuter-Dip (s. Seite 43), Bier-Meerrettich (s. Bratwürste mit Biermeerrettich, Seite 20)

Warmes aus der Bierküche:
Erbsensuppe (s. Seite 60), Chili con Carne y Cerveza (s. Seite 69), Lauchbier-Quiche (s. Seite 147), Beschwipste Kichererbsen (s. Seite 161)

Süßes aus der Bierküche:
Gebackene Erdbeeren (s. Seite 169), Kirschen in Bierteig (s. Seite 168), Erdbierjoghurt (s. Seite 177), Bockbiermuffins (s. Seite 185), Bocko-Kuchen (s. Seite 186)

Kleine Bierkunde

Stammwürze und Steuern

Zunächst ein bisschen Bierokratie: Bier wird, gemäß dem deutschen Biersteuergesetz (BierStG), nach Grad Plato in Steuerklassen eingeteilt. Dabei ist Grad Plato der Stammwürzegehalt des Bieres in 100 Gramm Bier.

Was ist Stammwürze? Der Stammwürzegehalt ist die entscheidende Messgröße beim Bierbrauen. Es handelt sich um den Anteil der aus dem Malz und Hopfen im Wasser gelösten nicht flüchtigen Stoffe vor der Gärung wie Malzzucker, Eiweiß, Aromastoffe oder Vitamine. Gemessen wird in Grad Plato (°P), benannt nach dem deutschen Chemiker Fritz Plato, der um 1900 das Maßsystem des böhmischen Chemikers Karl Josef Napoleon Balling von 1843 weiterentwickelte. Umgangssprachlich ist meist aber einfach von Prozent die Rede.

Die Stammwürze hat fürs Bier die gleiche Bedeutung wie der Most (gemessen in Grad Oechsle) für den Wein. Sie bestimmt den späteren Alkoholgehalt sowie den Nährwert des Bieres. Die Stammwürze wird mit Hilfe der Hefe zu je etwa einem Drittel in Alkohol und Kohlensäure vergoren, ein Drittel ist unvergärbares Restextrakt. Grobe Faustregel also: Stammwürzegehalt geteilt durch drei ergibt den Alkoholgehalt.

Steuerrechtlich gibt es also nur vier Arten von Bier: Einfachbier (Stammwürze 1,5-6,9 %), Schankbier (Stammwürze 7,0-10,9 %), Vollbier (Stammwürze 11,0-15,9 %) und Starkbier (Stammwürze mindestens 16,0 %). Und von denen sind auch nur zwei, nämlich Voll- und Starkbier, fürs Kochen interessant.
Zum Glück sieht die Bierrealität ganz anders aus. Der Vielfalt sind fast keine Grenzen gesetzt. Einen kleinen Überblick liefert das folgende Glossar.

Obergärige Biere

Die obergärige Hefe schwimmt während der Gärung oben auf dem Bier. Der Schaum, der sich dabei bildet, schützt das Bier vor Bakterien- und Pilzbefall. Die Gärung verläuft hier recht schnell. Diese Biere hielten sich früher nicht lange und mussten rasch verbraucht werden. Bekannteste Vertreter sind heute Weißbier (Weizen), Kölsch, Alt und Berliner Weiße.

Untergärige Biere

Die untergärige Hefe sinkt bei der Gärung auf den Boden des Gärtanks. Das Bier benötigt eine längere Reifezeit als ein obergäriges, ist aber auch länger haltbar. Weil der Herstellungsprozess Kühlung erfordert, setzte sich die untergärige als ganzjährige Brauweise erst mit der Entwicklung der Kältemaschine ab den 1870er Jahren mehr und mehr durch.

Hell und Dunkel

Grundsätzlich lassen sich Biere in zwei Arten aufteilen, die sich allein nach der Farbe definieren und noch nichts über die Braumethode aussagen: helle und dunkle Biere. Der Übergang ist dabei fließend. Die Farbpalette reicht von hellblond über goldgelb und bernsteinfarben bis hin zu schwarz. Die Farbe wird vor allem vom verwendeten Malz bestimmt. Je heißer die Luft beim Darren (Trocknen) des Getreides ist, desto dunkler wird das Malz und damit auch das Bier. Helles Malz wird bei etwa 80 °C, dunkles bei 100 °C gedarrt. Außerdem gibt es auch noch Farbmalz, das bei über 200 °C geröstet wird. Hieraus wird sogenanntes Farbebier hergestellt, mit dem zum Beispiel helles Bier nachgedunkelt werden kann, ohne gegen das Reinheitsgebot zu verstoßen.

Wenn in diesem Kochbuch ein helles oder dunkles Bier empfohlen wird, ab und zu auch ein Braunbier, dann wirklich nur wegen der Farbe. Über die Sorte kann jeder nach eigenem Geschmack oder Vorrat entscheiden. Eine Ausnahme bilden Pils und Weizen. Das Pils ist stärker gehopft, und das Weizen unterscheidet sich durch seine Grundzutat geschmacklich sehr deutlich.

Biersorten

Ale

Ein obergäriges Bier aus Gerstenmalz. Das Wort wird im englischen Sprachraum heute oft als Synonym für »beer« verwendet. Während »beer« aber mit Hopfen haltbar gemacht wurde, war das beim Ale früher nicht der Fall. Ale kann hell (pale) oder dunkel (brown) sein, die Geschmacksrichtungen reichen von leicht bitter bis malzig-süß.

Alt

Altbier wird am besten jung und frisch getrunken. Alt daran ist nur die obergärige Braumethode. Auch wenn es so ähnlich klingt wie »Ale« und diesem auch verwandt ist, hat es also eine andere sprachliche Wurzel. Das dunkelbernsteinfarbene, leicht bittere Bier aus Weizen- und Gerstenmalz wird überwiegend am Niederrhein (von Düsseldorf stromabwärts) gebraut und getrunken. Es hat einen Stammwürzegehalt um die 12 % und einen Alkoholgehalt von knapp 5 %.

Berliner Weiße

Die Berliner Weiße tanzt hier mehrfach aus der Reihe. Als obergäriges Schankbier (d. h. mit 7–8 % Stammwürze liegt der Alkoholgehalt nur bei ca. 2,8 %) wird sie aus Gersten- und Weizenmalz gebraut. Berliner Weiße ist eine eingetragene Marke des Verbands der Berliner Brauer. Anders als bei den meisten anderen Bieren folgt hier auf die alkoholische Gärung noch eine Milchsäuregärung. Das verlängert die Haltbarkeit, verleiht dem Bier aber einen säuerlichen Geschmack – weshalb die Berliner Weiße meist »mit Schuss«, also mit süßem Fruchtsirup, getrunken wird.

Bock

Wenn der Stammwürzegehalt über 16 % beträgt, darf sich das Starkbier »Bock« nennen, ab 18 % Stammwürze gar »Doppelbock«. Es gibt unter- und obergärige, helle und dunkle Bockbiere. Sie sind meist malzig, viele auch süßlich. Der Alkoholgehalt liegt meist zwischen 6 und 8 %, kann aber auch noch höher sein. Der Name kommt von der niedersächsischen Stadt Einbeck. Schon im Mittelalter wurde aus dieser Hansestadt das Bier weithin exportiert. Und um es für die lange Reise

haltbar zu machen, wurde es extra stark eingebraut. So richtig ange-
kurbelt haben den Bockbierkonsum später dann aber bayerische Mön-
che. Die benötigten in der Fastenzeit einen kräftigen, flüssigen Broter-
satz.

Braunbier

Einst war Braun aufgrund der technischen Möglichkeiten beim Mäl-
zen und Brauen die vorherrschende Farbe beim Bier. Heute stellen nur
noch wenige Brauereien explizit Braunbier her. Das untergärige, bern-
steinfarbene bis rötlichbraune Bier ist meist gering gehopft, malzig-
süffig und kräftig.

Dunkles

Dunkles als Braunbier ist heute vor allem in Bayern noch verbreitet.
Es ist ein untergäriges Vollbier, das auch Export-Stärke haben kann.
Als Münchner Dunkel ist es mäßig gehopft, mild und hat eine malzig-
süßliche Note. Durch Röstmalz werden die Farbe und der Geschmack
manchmal noch intensiviert.

Export

Dieses untergärige Bier heißt so, weil man es auch in ferne Städte und
Länder exportieren konnte. Dazu war es stärker eingebraut, und der hö-
here Alkoholgehalt machte es haltbarer. Weil es aber so gut schmeckte,
hat man es gerne auch gleich vor Ort getrunken. Noch heute muss der
Stammwürzegehalt bei mindestens 12 % liegen, damit sich das Bier
Export nennen darf. Der Alkoholgehalt liegt in der Regel zwischen 5,2
und 5,6 %. Es ist ein schwach gehopftes, helles oder dunkles Bier, zu
dessen Herstellung mehr Malz verwendet wird als bei einem einfachen
Hellen oder Lager. Das wirkt sich natürlich auch auf den Geschmack
aus, der oft als aromatisch, weich, vollmundig und würzig beschrieben
wird.

Helles

Hell ist vor allem in Süddeutschland, aber auch im Westen als Sor-
tenbezeichnung weit verbreitet. Das untergärige Vollbier hat eine
Stammwürze zwischen 11 und 13 % und einen Alkoholgehalt von meist

4,5–5 %, manchmal auch darüber. Dann nennt es sich aber oft Export oder Lager. Im Geschmack ist das Hell in der Regel weniger süß, obwohl im Vergleich zum Pils der Hopfen weniger, das Malz etwas mehr betont ist.

Kölsch

Wie schon der Name verrät, wird dieses Bier hauptsächlich in und um Köln getrunken. Es ist auch eine EU-weit geschützte Herkunftsangabe, nach der dieses Bier lediglich in Köln bzw. von den Brauereien des Kölner Brauereiverbandes gebraut werden darf. Das helle, hopfenbetonte Bier wird obergärig gebraut und hat am Anfang des Brauvorgangs eine Stammwürze von etwas über 11 %. Am Ende bleibt ein Alkoholgehalt von knapp unter 5 %. Die Brautradition in Köln besteht übrigens wahrscheinlich seit mehr als 1000 Jahren, und die Brauer der Stadt haben sich schon im Mittelalter zu einem Verbund zusammengeschlossen.

Kellerbier

s. Zwickelbier

Lager

Als Lagerbier wurden bis ins 19. Jahrhundert alle untergärigen Vollbiere bezeichnet. Mit einer Stammwürze zwischen 11 und 14 %, was einen Alkoholgehalt von etwa 4,5–5,5 % ergab, waren diese Biere längere Zeit lagerfähig. Das meistens helle Lager ist schwächer gehopft als Pils und dadurch weniger herb. Die Bezeichnung »Lager« ist auch im englischen Sprachraum weit verbreitet.

Märzen

Im Märzen setzte der Brauer einst noch ein kräftiges, haltbares Bier an, weil vielerorts das Brauen wegen der damit verbundenen Brandgefahr in den Sommermonaten verboten war. Außerdem waren für die untergärige Braumethode niedrige Temperaturen erforderlich. Die längere Haltbarkeit wurde durch einen höheren Stammwürze-, also Alkoholgehalt, und durch stärkere Hopfung erreicht. Gehalten hat sich der Begriff »Märzen« vor allem in Süddeutschland und Österreich.

Pils

Nach der böhmischen Stadt Pilsen benannt, ist es ein untergäriges, sehr helles, stark gehopftes Bier. Die Pilsner Brauart entstand im 19. Jahrhundert aus der bayerischen und beruht auf sehr hellem Malz, einer langsamen, kalten Gärung und der langen, kalten Lagerung. Die Stammwürze beträgt nicht mehr als 12,5 %, womit der Alkoholgehalt in der Regel knapp unter 5 % liegt. Heute ist Pils in Deutschland die mit Abstand am häufigsten konsumierte Biersorte und auch weltweit verbreitet und beliebt. Die Hopfenbitterkeit ist zwar immer charakteristisch für ein Pils, aber norddeutsches Pils ist weit herber als süddeutsches, das meist noch eine leicht malzige Note hat.

Rauchbier

Eine Spezialität aus dem oberfränkischen Bamberg. Seine besondere Note erhält es durch das Rauchmalz, das beim Darren durch die Befeuerung mit Buchenholz entsteht. Einst war Rauchbier eher die Regel, da zum Trocknen des Malzes Sonne und Luft oft nicht ausreichten und mit Feuer nachgeholfen werden musste. Als sich das Malz im Laufe der technischen Entwicklung problemlos rauchfrei herstellen ließ, verzichteten fast alle Brauereien auf das offene Feuer. In Bamberg hielten die Brauereien Spezial und Schlenkerla die Tradition aber aufrecht. Mit einem großen Unterschied: Während das Spezi nur dezent rauchig und bernsteinfarben ist, hat das nahezu schwarze Schlenkerla einen sehr kräftigen Rauchgeschmack. Inzwischen haben einige Brauereien in Bamberg die Rauchtradition wieder aufgegriffen, und es gibt sogar weltweit Nachahmer.

Schwarzbier

Ein – wie der Name schon sagt – sehr dunkles Bier, das ursprünglich in Thüringen und Sachsen beheimatet war, inzwischen aber weit verbreitet ist. Das früher oft obergärige Schwarzbier wird heute fast ausschließlich untergärig gebraut, mit einer Stammwürze von mehr als 11 % und einem Alkoholgehalt von meist knapp unter 5 %. Die dunkle Farbe hat es vom dunklen Braumalz oder Röstmalz, das ihm eine besondere Geschmacksnote verleiht.

Stout

Ein meist aus Irland stammendes schwarzbraunes und – wie der Name sagt – kräftiges Bier. Das obergärige, hopfenbittere Stout wird mit besonders stark geröstetem Gerstenmalz gebraut. Es entwickelt einen sehr cremigem Schaum. Mit dem Schwarzbier ist es farblich, im Geschmack jedoch kaum vergleichbar. Neben der Marke Guinness ist hierzulande eigentlich nur noch Murphy's einigermaßen bekannt.

Weizen

Weißbier, wie das Weizen in Bayern genannt wird, ist ein obergäriges Bier, das mindestens zur Hälfte aus Weizenmalz hergestellt wird – es ist aber auch Gerstenmalz drin. Es gibt helles und dunkles Weizen, aber auch Weizenbock. Zu unterscheiden sind im Wesentlichen zwei Arten. Hefeweizen ist durch Hefe und natürliche Schwebstoffe, die bei der traditionellen Flaschengärung drin bleiben, trüb. Es ist vollmundiger als das spritzige Kristallweizen, dem nach der Gärung Hefe und Schwebstoffe durch Filtration entzogen werden. Von Südbayern aus hat sich das Weizenbier in den letzten Jahrzehnten in der ganzen Republik verbreitet.

Zwickelbier

Das Zwickel oder Kellerbier ist vor allem in Oberfranken und der Oberpfalz verbreitet. Es ist ungefiltert und daher naturtrüb – das heißt, die unvergorene Hefe sowie die nahrhaften Schwebstoffe bleiben im Bier. Da es meist auch ungespundet ist, hat es weniger Kohlensäure (die kann während der Gärung durch das unverschlossene Spundloch des Fasses weitgehend entweichen). Das Zwickel- bzw. Kellerbier hat eine kürzere Reifezeit, aber auch eine geringere Haltbarkeit als andere untergärige Vollbiere. Es wird aber sowieso meist unmittelbar nach Abschluss des Gärungsprozesses frisch vom Fass getrunken.

A

AB-Salat......54
Apfelküchle im Bierteig......166
Apfelstrudel......180
Asia-Roastbeef......90
AZ – Anjas Zucchini......102

B

Bayerisch Hollandaise......41
Bayerische Bier-Brezel-Knödel......155
Beeren-Bier-Dessert mit Bockbiersorbet......170
Berliner Brombeer-Weiße......173
Beschwipste Kichererbsen......161
Bier auf Hawaii......12
Bier Royal......189
Bieramisu......172
Bier-Beeren-Bowle......188
Bier-Buletten......76
Bierchamelsauce......39
Bierfladen......13
Bierfleisch......93
Bier-Fleischkäse......78
Bierhuhnsuppe......66
Bier-Linsen......160
Biermuscheln......22
Bierradi......30
Bier-Raita mit Gemüse......51
Bierschaum-Käse-Nudeln......78
Bierwindbeutel......16
Blaue Zipfel......79
Blaukraut......158
Bockbiermuffins......185
Bocko-Eis mit Bratquitten......178
Bocko-Kuchen......186

Bocko-Waffeln 184
Bockwurst in Bockbier 74
Bœuf Bierguignon 82
Böfflabier 84
Böhmischer Schweinebraten 97
Böhmisches Bierfleisch 96
Bohnakern mit Rauchfleisch 103
Bouillabaisse 65
Bratwurst Berlin 99
Bratwürste mit Bier-Meerrettich 20
Brauersalat 48
Brennnessel-Pils-Risotto 145

C

Caibierinha 189
Chili con Carne y Cerveza 69
Chorizo in Schwarzbiersauce 24
Coq au Bock 114
Currywurst 19

D

Daibieri 190
Die Eisbein-Variante 95
Doppel-Bock-Suppe 75
Dunkle Biersauce 40
Dunkler Karpfen 129

E

Eichblattsalat mit Kerbel-Kristallweizen-Dressing 48
Eier-Bier 194
Entenbrust in Altbiermantel 117

213

Erbsensuppe 60
Erdbierjoghurt 177
Erdnussmuffins 15

F

Feldsalat mit Braunbier-Dressing 49
Fisch auf Tomaten-Zwiebelbett 127
Fisch in Bierpanade 124
Flaschen-Hähnchen 113
Forelle Brauerin 125
Forellenfilets mit Weizenkren 21
Frittierte Garnelen 133

G

Gazpacho con Cerveza 64
Gebackene Erdbeeren 169
Gebackenes Lamm 105
Gedünsteter Sellerie 159
Gedünstetes Zanderfilet 130
Gefüllte Paprika 134
Gemüseplatte 122
Gemüsetopf 67
Glühbier 191
Goaßmaß 193
Grießklößchen 154
Grill-Marinade für Fleisch 44
Grundrezept Bier-Backteig 32
Grüne Tapenade 42
Grünkernbratlinge 17
Guinness-Pie 88
Guinness-Pudding mit Whiskeysauce 183

H

Hafer-Biersuppe 60
Hähnchenbrust in Knobier 24
Hecht im Krapfenteig 131
Helle Biersauce 39
Hollerküchle 167
Hühnchen Marco Polo 115

I

Indischer Tomatensalat 52
Ingwerbier 191
Irish Stew 71

K

Karpfen im Biersee 128
Kartoffelpüree 150
Kartoffelsalat 151
Käsefondue 148
Käsespätzle 143
Kirschen in Bierteig 168
Klassische fränkische Biersuppe 56
Knobier-Dip 43
Knusprige Schweinshaxe 94
Kohlrabigemüse 160
Kölsch-Kaltschale 173
Kräuterquark 27
Krautsalat mit Weizenbier-Pimpinelle-Dressing 49
Kristallkelch 188
Kürbis-Bier-Süppchen 61
Kürbispüree 152

215

L

Lammkeule mit Rosmarin 106
Lauchauflauf 100
Lauchbier-Quiche 147
Leberkäse in Bierteig 20
Limburger mit Musik 27

M

Malzbiercreme 175
Marinierte Sardinen 23
Märzen-Gockel 111
Mediterranes Kartoffelgratin 137
Möhrchengemüse 160
Möhren-Kokos-Suppe mit Curry und Bier 62
Möhrenrohkost mit Estragon-Bier-Pesto 50

N

Nudelsuppe 57
Nudelteig mit Ei 34

O

Obatzda 26
Ochse in Bier 91
Ofenschlupfer mit Altbier-Sabayon 181

P

Paprikahühnchen 112
Party-Salat 53
Pastateig 35

Penne mit Bl(e)rnen und Radicchio 141
Petersilienwurzelsuppe mit Bier und Kren 63
Pfirsich-Pilschen 171
Pichelsteiner 70
Pikante Pfannkuchen mit Pilzfüllung 146
Pils-Krautfleckerl 142
Pils-Omelett 76
Pizzateig 33

R

Radler 192
Ratatouille 138
Räucherfisch in Kräuteraspik 21
Rehrücken 108
Reiberdatschi (Kartoffelpuffer) 152
Rhabarbier 190
Rheinische Biersuppe 56
Rinderschmorbrust 87
Risi con Birra 156
Romanasalat mit Altbieraigrette 52
Rosbierin-Waffeln 15
Rotbarsch in Biersauce mit Lauchnudeln 126
Rucolasalat mit Parmesan und Pils 50
Rühr-Bierei 18
Russendiesel + ... 193

S

Saibling auf Estragon-Weißbierschaum 132
Sauerkraut 157
Scharfe Thunfisch-Bolo 80
Scharfes Hühnchen 119
Schinken in Bierteig 101
Schmalzbrotsuppe 59

Schmorbraten aus der Eifel 92
Schwäbische Flädlesuppe (Pfannkuchensuppe) 58
Schwäbischer Rinderbraten 86
Schwarzbierapfel 177
Schwarzer Geier 110
Schweizer Wurstsalat 28
Senfsauce 40
Spaghetti Bocklognese 104
Spätzle 153
Spreewälder Biertopf 68
Stein-Pils-Risotto 144
Süße Bockbierpfannkuchen 179
Süßer Weißbierschaum 44
Süß-saures Schweinefleisch 120
Szegediner Gulasch 98

T

Tagliatelle mit getrockneten Tomaten 140
Tellersülze 29
Thunfisch-Dip 42
Tintenfisch 123
Tofu mit Frühlingszwiebeln 121
Tomatensauce 38
Tomaten-Zuckerschoten-Salat mit Altbieraigrette 54

U

Überbackener Blumenkohl 136

V

Vanille-Pils-Äpfel mit Orangensauce 176
Vorrats-Steinpilze 162

W

Warme Kölsch-Käse-Schnitten 12
Warmes Bier mit Honig 192
Weihnachtsgans 116
Weißwürste mit Biersenf 18
Weizenbier-Beeren-Speise 174
Weizen-Kräuter-Dip 43
Welsh Rarebit 13
Wildschwein in Rauchbiersauce 107
Wurstgulasch 77
Würziges Brauerbrot 36

Y

Yorkshire-Pudding 156

Z

Ziegen-Bock-Tomaten 135
Zimtsoufflé mit Braunbiersößchen 182
Zucchini-Bier-Frittata 139
Zwiebelconfit 159
Zwiebelkuchen 14
Zwiebelsauce 41
Zwiebelsuppe 59

2
2 Bier im Glas 194

Notizen

Notizen

Notizen

Notizen

Notizen